언제나 너의 첫번째 관객으로,

은혜

직업은 있지만
직장은 없습니다

생계형 프리랜서 촬영감독
김해인씨의 촬영 25년 관찰기

prologue

김해인씨와 부부로 살아온 지 20년이 되었습니다.
서로 끊임없이 웃고 이야기하며 삶의 고비들을 손잡고 열심히 넘다 보니, 시간이 이렇게 흘렀다는 것을 잘 느끼지 못한 시간이었습니다. 대학교 1학년 때 처음 만난 우리는 인생의 절반 이상을 서로의 삶에 발을 걸치고 따박따박 열심히 걸어왔습니다.
김해인씨는 프리랜서 촬영감독입니다. 영화, 드라마, 가끔은 뮤직비디오나 광고도 찍는 김해인씨는 영화인이라기보다는 촬영인이라는 표현이 더 맞을 것 같아요. 하지만 그 마음 속 뿌리는 누구보다 영화인이라는 생각이 듭니다. 직업은 있어도 직장은 없는 김해인씨는 정해진 출근도, 퇴직도, 월급이나 연금도 없는 일을 25년째 이어오고 있습니다. 김해인씨를 20년 넘는 시간동안 가장 가까이에서 지켜보며 제가 느낀 것은, 김해인씨 촬영을 너무나도 사랑하는 사람이라는 것입니다.
자신이 가장 좋아하고, 잘하는 일을 직업으로 삼아 살아가고 있다니 김해인씨는 분명 멋진 삶을 살아가고 있다는 것이 확실합니다. 하지만 멋짐만으로 살아지는 삶은 없기에, 숨가쁘고 힘든 날이 더 많았습니다. 그 시간을 옆에서 지켜보며 저는 글을 쓰기 시작했습니다.

소소한 행복의 순간들, 삶의 틈에서 작게 반짝이는 장면들, 가족 안에서 스쳐가는 기쁨과 불안 순간들을 기록했습니다.

이 책은 25년차 프리랜서 촬영감독인 김해인씨와, 그를 가장 가까이에서 지켜본 가족의 이야기입니다. 조금은 특별한 조건 속에서 평범하게 살아가는 가족의 이야기, 우리가 살아가며 놓치고 싶지 않은 행복의 조각들을 모았습니다. 우리의 삶이란 하루종일, 일년 내내 즐겁지는 않지만 하루에 한 가지씩은 즐거운 일이 있으니까요. 그렇게 모은 조각들을 내 안에서 꺼내어 글을 썼습니다.

조금은 특별하지만, 평범한 우리들의 이야기가 당신의 오늘에 조용히 닿기를 바랍니다.

Contents

prologue 6

1화. 좋아하는 일을 하겠습니다　10
2화. 그래서 나는 김해인과 결혼했다 episode1　14
3화. 그래서 나는 김해인과 결혼했다 episode2　19
4화. 궁극의 프리랜서　25
5화. 그 겨울 혜화.동　33
6화. 반지를 팔았습니다　39
7화. 그 때부터 지금까지　46
8화. 모든 순간을 영화처럼　51
9화. 아빠 우리 집에 놀러 오세요　56
10화. 런던에서 보낸 여름　61
11화. 맨발로 가출　67
12화. 달콤한 나의 도시 episode1　73
13화. 달콤한 나의 도시 episode2　77
14화. 서울 자가에 생계형 프리랜서 김감독　83
15화. 세상에서 가장 아름다운 출근길　88
16화. 이제는 내가 커야 하는 시간　94

17화. 하얼빈의 겨울　101
18화. 안녕, 중국　106
19화. 아빠의 즐거운 생활　112
20화. 주희의 영화　117
21화. 나는 당신의 첫번째 팬　123
22화. 우울증　127
23화. 일년에 한 번 수안보　133
24화. 영화와 계엄령　138
25화. 김해인과 퀴어영화　144
26화. Who we are!　149
27화. 아리에 소개되다　154
28화. 영월과 라디오스타　159
29화. 아름다운 나의 이상가족　164
30화. 방구석 오락왕　171
31화. 그럼에도 불구하고 나의 길을 가겠습니다　176

epilogue 182

1화. 좋아하는 일을 하겠습니다

지긋지긋한 고 3 생활을 끝내고 그저 그런 대학에 경영학부에 들어갔다. 그 시절 나의 꿈은 대부분의 수험생이 그러하듯 일단 서울에서 대학을 가는 것.

그래서 성적에 맞추어 그저 그런 대학, 그냥 남들이 많이 가니까 대충 경영학부에 들어갔다.

너무나 평범하기 짝이 없는, 길에서 흔히 볼 수 있는 새내기 대학생으로 1년을 보냈다. 지금 생각하면 그 시절의 나는 마치 절여 놓은 파김치 같은 모양새였다. 미팅도 재미없었고, 학교 축제는 더 재미없었고, 학교 동아리도 너무 재미없었다.

수업도 학사 경고 맞지 않을 만큼만 들었다. 하지만 학교는 누구보다 일찍 가서 늦게 돌아왔다. 매일매일 학교 도서관 영상 자료실에서 구하기 힘들었던 영화들을 보고 보고 또 보았다. 당시 내가 다니던 대학교에는 연극영화과가 있었고 그 덕분에 영상 자료실에는 평소에 보기 힘들었던 일본 영화까지 영상자료가 넘쳐났다. 지금이야 일본 영화를 쉽게 보지만 그 당시는 아직 일본 문화가 우리나라에는 전면 개방되기 전이여서 불법 복제한 비디오테이프를 몰래 숨어 돌려보며 문화적 허기를 달래곤 했다.

사실 고등학교 2학년 때부터 영화를 미친 듯이 좋아했다.

일과를 마치면 밤 열두 시가 넘었지만, 그 시간부터 거실에 쪼

그리고 앉아 졸면서도 매일 영화를 보고 짧게 감상평을 쓰곤 했다. 그 시절, 영화는 고단한 수험생활의 꿈이었다.

눈 뜨고 꾸는 꿈.

그 고단하던 시절, 나는 대학을 졸업하면 북경 영화학교로 유학을 떠날 계획을 속으로 조용히 세우고 있었다. 당시 나는 장예모, 첸카이거, 왕샤오슈아이등 중국의 거장 감독들의 영화에 깊이 빠져 있었고 그저 그런 대학에 다니는 동안 아르바이트를 해서 돈을 모아 그 멋진 감독이 졸업한 북경 영화 학교로 꼭 유학을 떠나겠다고, 속으로 남몰래 결심하고 있었다. 누구에게도 말하지 않고 말이다. 어쩐지 말하는 순간 그냥 그 결심이 연기처럼 사라질 것 같기도 했고, 누군가는 비웃을 것 같기도 해서였다. 결국 북경 영화 학교는 근처에도 가지 않았지만 20년 후, 내가 좋아하는 영화를 만든 중국의 영화감독 왕 샤오슈아이 감독과 특별한 인연으로 만나게 되었다. 마치 마법처럼.

대학교 2학년 여름방학을 미국의 친척 집에서 보내게 되었다. LA에 도착하자마자 그 유명한 할리우드 표지판을 보러 달려 나갔다. 그리고 그 순간 일생 경험해 본 적 없을 만큼 강하게 가슴이 뛰었다.

'단 하루를 살아도 나는 영화를 위해 일을 하다가 죽겠어. 당장 서울로 돌아가면 학교를 그만두고 영화과에 입학해야지.'

속으로 주먹을 꼬옥 쥐며 다짐했다. 그날 밤, 우연히 본 영화가 시네마 천국이었다. 영화 속에서 알베르토 아저씨는 영사실에 놀러 온 토토에게 이런 이야기를 해준다.
"언제나, 가슴 뛰는 삶을 살아라."
영화가 끝나고, 앞으로의 내 삶은 몽땅 가슴 뛰는 시간으로 채워나갈 것이라는 생각에 한국으로 올 때까지 잠도 잘 안 왔다. 한국으로 돌아와 전공 시험을 보던 날, 시험 도중 그대로 강의실을 나와서 다시 학교로 돌아가지 않았다. 그리고 다음 해, 나는 늘 동경하던 대학 영화과 신입생이 되었다. 절여놓은 파김치 같던 나는 매일매일 반짝반짝 빛이 났다.

그리고 그곳에서 나는 지금의 내 신랑, 김해인씨를 만났다.

2화. 그래서 나는 김해인과 결혼했다
episode. 1

그저 그런 대학을 자퇴한 나는 가고 싶다고 생각한 대학 영화과, 딱 한 군데만 원서를 썼다. 경쟁률은 무려 30:1이 넘었다. 나중에 알고 보니 연극 영화과 입시도 치열하기 짝이 없는 세계였다.

내가 가을에 그저 그런 학교를 뛰쳐나와 특별한 준비 없이 엄청난 경쟁률을 뚫었을 때, 모두 비결을 물었다. 준비도 없었고 비결도 없었지만, 솔직히 말하자면 면접을 보는 순간, 나는 합격이야!! 확신이 들었다.

면접에 나온 질문은 내가 면접 전날, 우연히 맥도날드에서 마주한 광경을 보고 밤새 머리 터지도록 생각한 이야기였기 때문이었다. 그 생각에 잠도 못 자고 이리저리 머리를 굴렸으니, 면접관이 질문하는 순간, 일 초의 망설임 없이 이야기를 시작해 15분 동안 세 사람의 면접관들과 신나게 대화를 나누며 웃을 수 있었다. 지금 생각해도 그 15분은 내 인생의 짜릿한 한 순간이었다.

입학하고 면접관 중 한 분이 담당 교수님이라는 것을 알게 되어 교수님과 면접 당시의 이야기를 나누며

"면접볼 때 전 정말 운이 좋았어요."

이야기했더니

"운이 좋아서, 라는 이야기는 앞으로는 절대 하지 말아라.

늘 그에 대한 대비와 준비가 되어있는 사람에게 찾아오는 기회인 것이라는 것을 잊지 말고 살길 바란다."
라고 말씀하셨다. 그 말은 내가 살면서 가슴이 지니고 살아가는 삶의 기준 중 하나가 되어주었다.

겨우 영화과에 입학한 나는 그때부터 어떻게든 더 예술가처럼 보이고 싶어서 안달복달했다. 누가 보아도 '예술을 하는 사람이구나' 세상 사람들이 알아봐 주길 바라며 학교와 학과가 등짝 가득 커다랗게 새겨진 촌스러운 과 잠바를 맨날 입고 굳이 카메라를 손에 들고 전철을 탔다. 현실감각 떨어지고 겉멋에 취한 유치한 이십 대의 나였지만, 지금 돌이켜 생각하면 '어쩐지 귀엽잖아.' 너그러운 생각이 들곤 한다.

우리 과에는 나와 나이가 같은 삼수생이 동기 중에는 5명이 있었고, 신기하게 모두 멀쩡하게 다니던 대학을 뛰쳐나와 하고 싶은 일을 하며 살겠다고 선언을 한 친구들이었다.

나와 김해인씨는 영화과 동기로 처음 만났다.

나(김은혜)와 김해인은 이름 때문에 학번도 앞뒤로 쪼르륵 붙어서 과제를 함께하는 사이가 되었다. 나는 영화과 안에서 연출 전공, 김해인은 촬영 전공. 나이도 같고, 선택한 전공도 그렇고 과제 함께하기도 딱 좋은 사이였다. 하지만 우리는 참 달라도 너무 달랐다.

영화가 너무 좋아 그저 밤새워 영화를 보고, 영화에 대해 책을 읽고, 이야기하는 것을 좋아하는 감정적이고 단순한 영화광인 나와는 다르게 김해인은 이미 프로의 세계에 있었다.

나는 좋아하는 일을 하겠다고 울타리를 뛰쳐나올 때 가족의 박수와 응원을 받았지만, 김해인씨는 부모님의 반대에 부딪혀 집을 나와 영화 현장에서 바로 일을 시작했다고 한다. 당시 엄청난 흥행을 한 공동 경비 구역 JSA의 조명부로 영화를 시작한 김해인 씨는 학교에 다니면서도 늘 바빴다. 밤새워 현장에서 일을 하고 첫차를 타고 학교에 와서 수업을 듣고 과제 회의에 참여하곤 했다. 그리고 시간만 나면 밤을 새워 첫차가 다닐 때까지 친구들과 술을 마셨다.

늘 땀 냄새와 발 냄새, 술 냄새까지 풍기는 단벌 신사 김해인씨는, 구름이라도 타고 있는 것처럼 매 순간이 늘 설레고 행복한 나와는 달리 어쩐지 모든 일에 심드렁했다.

하지만 영화를 좋아하는 마음만 가졌을 뿐, 무엇을 해야 할지 모르는 나와 달리 자신의 길을 이미 가고 있는 친구라니! 나는 그게 어쩐지 싫으면서도 부럽고 멋지다고 생각했다. 더 솔직히 말하자면 어딘지 모르게 프로의 물을 먹어 거들먹거리는 게 재수 없네, 생각하기도 했었다.

처음부터 김해인씨를 좋아하지도 않았고, 당연히 연애는 꿈도 안 꾸던 사이였고 내가 싫어하는 스타일에 속했다는 것을 이제야 처음으로 고백을 해본다.
게다가 김해인 씨의 이상형은 나처럼 방실방실 웃으며 방방방 뛰어다니는 사람이 아닌 어딘지 우울하고 성숙한 연상이었다. 크리스마스에 좋아하는 누나에게 고백을 할까 말까, 둘이 시나리오 강의 시간에 나란히 앉아 노트에 그런 이야기를 적으며 시시덕거리는, 우리는 그런 사이였다.

우리에게 꿈과 희망을 잔뜩 안겨주던 대학을 졸업하며 나는 런던으로 떠났다. 그리고 김해인 씨는 마지막 학년을 남기고 군대에 갔다. 꽤나 늦은 나이의 입대였다.
그렇게 각자 서로의 길을 찾아갈 때만 해도 우리가 다시 만나 부부가 될 것이라는 생각은 전혀 하지 못했다.

3화. 그래서 나는 김해인과 결혼했다.
Episode 2

졸업과 함께 나는 야심 차게 런던으로 떠났다.

런던 생활은 마치 새로운 영혼의 심장을 이식받아 새롭게 태어나는 것처럼 매 순간 짜릿하게 새로웠다. 유럽의 유명한 영화제들을 돌아다니던 순간들, 다양한 나라의 친구들과 모여 살았던 노팅힐의 작은 아파트, 늦은 밤까지 영화를 보고 영화에 대한 강의를 듣는 일. 가끔은 솔직히 나 자신이 너무 멋져서 어쩔 줄을 모르겠다는 듯 공원을 우다다 달리기도 했다.

여전히 현실에는 한 발만 내딛고 공중 부양하듯 살던 꿈 같은 나날이었다.

나는 늘 일하고 싶었던 NFT(National Film Theatre)에 여러 번 이력서를 넣었지만, 번번이 떨어졌고, 백수로 2년여 만에 한국으로 돌아왔다. NFT와의 인연은 그렇게 끝이라 생각했지만, 20년 후 내 인생의 작은, 그러나 중요한 사건으로 다시 한번 등장하게 된다.

한국으로 돌아와 영화 현장으로 나가지 않고 다큐멘터리 방송 조연출로 일을 시작했다. 그리고 첫 월급을 타던 날, 엄마와 점심을 먹고 혼자 종로 씨네코아에서 일본 영화 '조제 호랑이 그리고 물고기들'을 보았다. 영화가 끝이 나고 남자 주인공의 잘생김에 혼자 가슴 설레며 복도를 걷고 있는데 뒤에서 누군가 "은혜야" 하고 불렀다.

돌아보니 그 자리에 김해인씨가 서 있었다.

안경을 벗어 주머니에 넣으며 나를 보고 웃는데,

'저 녀석이 저런 지적인 느낌이 있었나? 츄리닝 말고 다른 옷도 있었네?'

순간 이런 생각이 들었다. 어쩐지 낯설면서 멋져 보였다는 이야기다. 그리고 우리는 마치 군대 제대 후 결혼하기로 했잖아? 이런 약속이라도 한 듯이 자연스럽게 결혼하게 되었다. 씨네코아에서 다시 만나 결혼을 한 우리는 매해 그날을 기념하며 씨네코아에서 영화를 보자고 약속했지만, 아쉽게도 멀티플렉스의 등장과 함께 씨네코아는 문을 닫았다.

결혼 준비 내내 복학생 김해인씨는 계절학기까지 꽉 채워 들으며 졸업 영화를 촬영하느라 매우 바빴다. 당시 우리 학교 졸업 영화제에는 독립영화 배급사나 제작사들이 참여해 졸업 작품과 학생들을 눈여겨보곤 했다. 가끔은 눈에 띄는 작품들은 단편에서 장편으로 다듬어서 만들어 지기도 했고, 독립 영화의 스타 감독이 탄생하기도 했다.

김해인씨가 졸업 영화를 찍던 그해는 영화 산업과 학생 영화에 무척이나 중요한 한 해였다고 기억이 된다. 영화들이 필름에서 빠르게 디지털로 넘어가기 시작한 과도기적 시기였기 때문이다. 필름 회사들은 필름 생산을 중단했고, 교수들은 졸업 영화를 필름이 아닌 디지털로 찍도록 은근히 요구했다. 필름에 비해 제작비가 저렴해서 경제적으로도 이익이고 장비도 가벼워지고 간편해져서 적은 인원으로 촬영이 가능하다고 모두 이야기했다.

인생 딱 한 번뿐인 졸업 영화는 무조건 필름으로 찍고 싶었던 촬영 전공 김해인씨는 교수들과 끊임없이 논쟁하고 투쟁을 하며, 결국 우리 학교 마지막 필름 영화를 찍으며 졸업했다.

16mm 필름 통을 담배 재떨이로 사용하고, 필름을 자르고 이어 붙여 편집하던 어쩐지 불편했지만, 낭만이 넘치던 필름 영화 시대는 우리의 대학 졸업과 함께 막을 내렸다.

그리고 김해인씨의 졸업과 함께 우리는 결혼했다. 경제적으로 어렵지 않았던 부모님들 덕에 우리는 봉천고개 꼭대기에 자가로 작은 아파트를 마련할 수 있었다. 고개 꼭대기의 작은 집은, 직업은 있지만 직장이 없던 우리에게 두 번은 물러설 수 있는 울타리가 되어주었다.

나는 임신과 육아로 재능 없이 열정만 있던 방송 조연출 생활을 청산했고, 학교에서 모두 우러러보던 멋진 선배였던 김해인씨는 졸업 후 열정페이 삼십만 원을 받는 촬영부 막내가 되었다. 지금은 생소한 말이 된 열정페이는 이십 년 전, 영화를 한다면 너무나 당연한 일이었다.

결혼직후, 지방 촬영이 길어지던 어느 날, 혼자 KTX를 타고 현장에 놀러 갔다. 그날 밤, 김해인씨는 결혼 후 처음 받은 돈이라며 땀에 젖어 축축해진 만 원짜리 서른 장을 내 손에 들려주었다. 바로 그날, 나는 드디어 공중 부양하며 둥둥 떠다니던 꿈에서 내려와 현실에 발을 붙였다. 좋아하는 일을 하려면 이 정도는 버텨야 하는 거야, 이런 인식들이 청년에게 당연히 요구되던 잔인한 시대를 온몸으로 버티고 싸워 이제는 자신의 이름이 앞장에 찍힌 대본을 받게 된 촬영 감독이 된 김해인씨. 사람이 한 가지 일을 십 년 넘게 하면 자연스럽게 베테랑이 되어간다.
촬영 26년 차 김해인씨는 베테랑 촬영감독이 되었다. 결혼 20년차, 나는 오늘도 베테랑 프리랜서 촬영 감독 김해인씨의 베테랑 아내로 살아가고 있다. 모든 그리고 드디어 꾸미지 않고 솔직하게 살아온 이야기를 할 수 있는 용기가 생겼다. 영화인의 아내로 살아온 즐겁지만, 쉽지 않은 시간에 대하여 말이다.

스무 살 영화 현장에 뛰어들어 서른여덟 살 촬영 감독으로 입봉 그리고 마흔다섯이 넘은 지금, 30만 원 열정 페이를 당연하게 견디던 시대를 지나 촬영 감독이 된 지금까지. 직업은 있지만 직장이 없는 프리랜서 김해인씨가 견뎠을 막막함을 생각해 본다. 그 옆에서 나는 김해인씨의 아내로 살며, 가끔은 땅 아래로 꺼질 것 같은 그의 무력과 우울을 온몸으로 느껴야 했고, 때로는 꿈을 이룬 사람의 당당함을 가장 가까이에서 확인하기도 했다. 하지만 그 모든 순간, 한결같이 내가 지키고 싶었던 것은 나는 김해인씨의 첫 번째 팬이며 첫 번째 관객이라는 마음이었다. 김해인씨는 그동안 어린 날의 꿈과 예술보다는 가족의 생계를 위해 카메라를 잡는 날이 더 많았다. 그리고 가끔은 실패하고 수없이 많은 좌절을 했다. 하지만 그 안에서 빛나는 업적이 쌓여왔고 나는 김해인씨의 그 모든 순간이 자랑스러웠다.

촬영장에서는 어쩐지 멋지지만, 일상에서는 양말 좀 빨래통에 잘 넣으라는 잔소리를 들으며, 핸드폰 오락에 열중하는 생활밀착형 촬영감독 김해인씨. 김해인씨도 자신의 모든 순간을 마구마구 자랑스럽게 생각해 주기는 바라며, 살아온 삶의 절반 이상을 영화인의 아내로 살아온 나의 이야기를 시작해 보려고 한다.

4화. 궁극의 프리랜서

영화란 나에게 여전히 눈뜨고 꾸는 꿈이지만, 영화인의 아내로 사는 일은 불안과 일상의 불규칙성을 모두 다 내 삶의 일부로 온전히 받아들여야만 하는 일이었다.

방송 조연출을 하며 내가 번 돈의 80%는 꼬박꼬박 적금을 넣고, 엄마가 백화점에서 사준 옷을 입고 아빠가 사준 스포티지를 타고 다니던 그 시절에는 몰랐다. 두 발을 땅에 딱 붙이고 현실을 살아간다는 것이 얼마나 위대하면서도 어려운 일인가 말이다.

어릴 적 꿈은 프리랜서였다.

프리랜서란 무엇인가, 아는 것도 없으면서 그저 멋져 보였다.

프리랜서. 멋진 정장을 입고 한 손에는 노트북 가방, 다른 한 손에는 테이크아웃 커피잔을 들고 복잡한 도시를 바쁘게 또각또각 달려가는 크리에이티브한 예술가. 회사에 출퇴근하는 직장인이 아닌 프리랜서. 내가 생각하는 가장 멋진 20대와 30대의 모습이었다. 자유로운 영혼을 가진 예술인, 그것은 내가 늘 생각하는 궁극의 프리랜서였다.

프리랜서는 자유의 Free와 전쟁에 사용하는 긴 창을 뜻하는 Lance의 합성어이다. 창의 개수로 전술 규모를 파악하던 중세 시대, 왕이나 영주에게 속하지 않고 고용주에게 보수를 받고 전쟁에 참여하던 용병을 프리랜서라고 불렀다고 한다. 언제든 고용주의 필요에 따라 돈을 받고 싸우는 프리랜서들은 전장에 대한 파악과 적응 없이 어디든 뛰어들어 최고의 기량을 발휘해야만 했을 것이다. 그것은 승패와 상관없이 생존의 문제였을 것이다. 지면 죽는 것.

철없던 시절의 프리랜서 환상은 결혼과 함께 깨어지고, 프리랜서라는 것이 하루하루 생존의 기로에 서 있는 사람이라는 것을 온몸으로 느꼈다. 오늘은 촬영장을 멋지게 돌아다니지만, 내일이면 바로 잘릴 수도 있고 다음 작품에는 아무도 나를 찾지 않을 수도 있다. 그리고 새로운 작품에 들어갈 때마다, 새로운 사람들과 새로운 팀이 되어 새로운 장소에서 일을 해내야 했다. 매번 새로운 계약서를 쓰고, 촬영이 끝나면 해촉 증명서를 썼다. 촬영인과 백수 사이에서 늘 아슬아슬한 줄타기를 하며, 그 줄에서 떨어지지 않으며 앞으로 나아가야만 했다.

그 불안감을 늘 안고 자신의 존재를 매 순간 증명해내야 하는 김해인씨의 하루하루는 얼마나 전쟁 같았을까, 생각해 본다. 가족의 생계를 등에 업은 김해인씨는 늘 그 전쟁에서 살아남기 위해 긴 창을 휘두르며 싸워야 했을 것이다. 그리고 그 불안을 사는 내내 절대 내색하지 않고 나의 생활을 해내야겠다고 비장하게 마음속으로 주먹을 꼭 쥐던 이십 대의 내가 지금 생각하면 무척이나 대견하다.

십 대, 이십 대에 멋지다고 생각했던 프리랜서의 이미지는 몽땅 잘못된 주입의 결과라는 사실을 깨닫고, 어떤 날은 하늘에다가 소리를 지르고 싶었다.

프리랜서! 하나도 멋지지 않잖아!!!

2013년, 날씨가 좋았던 어느 봄날.
내가 좋아하는 배우가 나오는 드라마의 촬영부가 된 김해인씨는 촬영을 두 번쯤하고 그 자리에서 바로 잘린 일이 있었다. 서울 촬영이고, 내가 좋아하는 배우도 나오니 야외 촬영하는 날 나도 놀러 가서 멀리서 구경해야지, 촬영 스케줄을 보면서 콧노래를 부르던 중 그 소식을 듣고 하늘이 쿵 내려앉는 기분이 들었다. 촬영 중, 현장에서 잘려서 "오후 촬영부터 나오지 마!"통보를 받아도 어디에서도 보호받지 못하던 억울한 김해인씨는 새벽에 출근해서 점심시간쯤 집으로 돌아왔다. 언젠가는 이런 일이 생길 수도 있다고 늘 염두에 두고 살아왔지만, 막상 연락을 받고 나니 어떤 얼굴로 김해인씨를 맞이할까, 고민이 되었다.
도착할 시간쯤에 버스 정거장으로 마중을 나갔다. 터덜터덜 걸어오는 김해인씨가 어찌나 측은하던지 달려가 우리 맛있는 거나 먹으러 가자며 손을 잡고 둘이 걸었다.

"잘 때려치웠어! 사실 나도 그 감독 진짜 맘에 안 들었거든."
둘이 밥을 먹으며 감독과 방송국 소속의 촬영 감독을 잘근잘근 씹었다.

적당히 낭만적이고 대체로 전쟁같이 이어지는 프리랜서 삶에서 가장 벅찬 일은, 사실 촬영이 아니라 돈 문제였다. 건강 보험료와 국민연금, 그리고 각종 세금들. 지역 가입자로써 일반 직장 근로자의 곱절은 내야 하는 보험료, 5월마다 내야 하는 종합소득세, 지방세 등, 나처럼 허술한 사람은 제때 세금을 납부하는 일만으로도 너무 벅차고 큰 일이었다.
영화를 찍는 일은 집에서 출퇴근하는 일보다 로케이션 장소에서 숙박하는 경우가 훨씬 더 흔하다. 한 달 정도는 양호한 편이고 해외 촬영을 나가면 삼 개월씩 집에 오지 않는다. 그렇다면 촬영 기간 중 식사는 어떻게 해결하는가! 모든 것이 경비 처리인 직장인의 출장과는 달리, 영화나 드라마는 계약에 따라 식비가 달리 처리된다. 식비 포함인가, 자차를 이용한다면 유류세는 얼마나 지원받을 것인가. 모든 것이 업계의 관행이 더해 개개인의 협상 능력에 따라 조금씩 달라지기도 한다. 촬영 감독이 되어 식비나 유류세는 당연히 법카를 사용하여 처리되지만, 촬영부 시절에는 식비 불포함의 계약을 하게 되면 속으로 욕을 했다.

'쳇. 밥도 안 먹여주는 현장 따위!'
하지만 계약이 맘에 안 들고 감독이 싫다고 일을 그만둘 수는 없는 일이었다. 먹고 사는 일은 너무나 숭고함으로.

그리고 프리랜서의 세금만큼 중요한 것은 소득 관리, 정확히는 돈 관리이다. 어떤 달의 소득은 들으면 놀랄 만큼 크기도 하지만, 촬영이 끝남과 동시에 그달의 소득은 0원이 된다. 소득은 이렇게 오르락내리락 하지만, 보험료나 연금 등은 한 번 책정되면 1년 단위로 고정되기 때문에 부담이 된다. 사정이 이렇다 보니, 이론상으로는 최소한 석 달은 일을 하지 않아도 버틸 수 있을 만큼 고정 지출 비용이 저축되어 있어야만 한다. 내일 당장 촬영장에서 잘리고 집으로 돌아오더라도 쿠팡 배송으로 뛰어들지 않고 직업인으로서 다음을 기다릴 수 있는 마음의 여유가 있어야 내가 하는 일을 떠나지 않고 지켜낼 수 있다. 그리고 당연하게도 그 마음의 여유란 통장의 여유에서 나온다.

궁극의 프리랜서란 자유로운 영혼의 예술가가 아닌, 얼마나 돈 관리를 잘 해내어서 내 일을 지켜내는 것인가가 관건인 그런 사람인 것이다.

지난 가을, 친구의 친구 결혼식에서 축무를 추었다.
나는 5년째 하와이 전통 춤인 훌라를 배우고 있는데, 나의 특별한 훌라 시스터의 오랜 친구의 결혼식이었다. 타인의 새로운 앞날을 진심으로 축복해 줄 수 있는 마음이 있어야만 축무를 할 수 있다고 생각하기에 나에게 축무란 참으로 조심스러운 일이다.

결혼 20년, 우주의 별처럼 많은 일을 김해인씨와 함께 울고 웃으며 살았다. 몸이 부르르르 떨리게 좋아! 는 아니지만 이 삶이 제법 행복하네, 생각하며 살고 있다. 그래서 두 사람의 새로운 앞날에 행복한 축복을 해줄 수 있을 것 같았다. 그런 마음으로 축무를 준비하는 일이 내게 무척 특별한 일이었다.

축무로 정한 곡은 Can't help falling in love를 백번 넘게 들으며 가사 한 줄 한 줄 곱씹었다.

Take my hand, Take my whole life too.

서로의 손을 잡고 서로의 인생을 함께 살아가는 것이 결혼이라는 것을 알았더라면 나는 결혼을 할 수 있었을까 생각해 보지만, 사는 게 늘 무거울 필요가 있을까. 다음 생에도 둘이 만난다면 우리 둘이 결혼을 하고 손을 잡고 그 삶을 살겠지, 이런 생각이 들어 마음이 가볍기도 했다.

신랑 신부 앞에서 내 안에서 최고의 기쁨과 행복을 꺼내서 축복의 춤을 추며, 이제는 오래되고 익숙해져 가끔은 잊고 사는 김해인씨와 나의 행복들을 소중히 꺼내어 보았다. 손을 잡고 살아온 날들이 감사했고 손을 잡고 살아갈 날들이 기대되는 기분이었다.

5화. 그 겨울 혜화.동

몇 년 전, 대형 쇼핑몰에 들어서는데, 입구에 커다랗게 걸린 유명 의류 브랜드 광고 속, 배우 유연석의 사진이 눈에 들어왔다. 나는 유연석 배우의 팬은 아니지만, 그 사진을 보며 마음이 마구 웅장해지는 기분이 들었다. 자신의 길을 의심 없이 묵묵하게 걷는 사람은 언젠가 자신의 자리를 잘 찾아갈 수 있구나! 단단한 확신 같은 것이 가슴에 가득 차오르는 기분이었다. 김해인 씨와 배우 유연석이 만난 것은 둘 다 너무 쪼무래기이던 시절, 독립영화 촬영장에서였다.

지금은 촬영 감독이 된 김해인씨는 조명부 막내로 영화 일을 시작했다. 꽤나 이름 난 조명팀이었는데, 그래서인지 촬영부로 쉽게 옮기지 못하고 꽤 오랜 시간 조명부로 일을 했다.

조명부로 말하자면, 늘 빨리 현장에 나와서 미리 조명을 설치하고 촬영이 다 끝난 후에도 가장 늦게 촬영장을 떠나야 하는, 체력적으로도 무척이나 힘든 팀이다. 게다가 장비들도 내가 보기엔 엄청나다. 셀 수 없이 많은 전선, 전구, 스탠드, 챙기기도 곤란한 물건들로 늘 가득하다. 어쩐지 정리벽이라도 있어야 조명부 일을 빈틈없이 수행해 낼 수 있을 것 같다.

그리고 조명 장비는 스타렉스가 아닌 거대한 탑차에 실어서 다녀야 하니 승차감도 꽝, 속도 꽝, 이동 시간도 늘 길고 피곤하다. 참으로 고단한 팀이 바로 조명부인 것이다.

김해인씨가 조명부로 일하는 동안 나는 늘 잠을 설쳤다.

바람이 불어도 걱정, 비가 도면 더 걱정, 밤늦도록 촬영하면 탑차 운전하다가 졸지는 않을까 더욱더 걱정, 눈이 오면 미끄러지는 건 아닐까 특별히 더 걱정.

나는 걱정도 많고 불안감도 높아 돌다리도 백 번 두들겨보고 겨우 건너는 성격의 사람이다. 그런 내가, 이름 석 자 빼고 모든 것이 불확실한 직업을 가진 김해인씨와 사는 일은 사실 남모르게 수많은 밤을 뜬눈으로 보내야 한다는 것을 의미하는 것이었다. 밤샘 촬영이 있는 날에는 김해인씨가 집에 돌아와야 잠에 들었고, 숙박하면서 촬영할 때에도 숙소에 돌아왔다는 전화를 받아야 하루가 안전하게 마무리되었구나, 안심하곤 했다.

나같이 소심한 불안쟁이와 사느라 대범한 김해인씨 또한 마음이 많이 피곤했겠네, 이런 생각이 드는 것을 보면 나이가 든다는 것은 이런 면에서 참 좋다. 상대를 이해할 수 있는 폭이 넓어져서 어쩐지 느긋해지는 기분이 든달까.

2010년 겨울은 특별히 더 추웠다. 실제 기온도 평년보다 낮았지만, 마음도 특별히 춥고, 일도, 솔직히 경제적으로도 힘들었던 겨울이었다. 조명부 김해인씨는 독립영화 혜화동을 그 겨울에 찍었다. 아직은 신인이던 배우 유연석도 이작품에서 만났다.

김해인씨 인생 최초의 독립영화였던 혜화,동

예산 규모가 큰 상업 현장에서 일을 하던 김해인씨의 첫번째 독립영화의 인상은 역시 '돈'의 문제였다. 예산이 적다! 적은 예산만큼 몸도 머리도 더 많이 써야 한다! 하지만 그만큼 그 안의 사람 간의 관계는 더 쫀쫀해져 갔다.

그해 겨울은 눈이 어찌나 자주, 많이 오던지. 어떤 날은 아침 7시에 촬영장으로 출발했는데 폭설 때문에 조명 장비를 실은 탑차가 내부 순환로에 진입을 못 하는 일이 생겼다.

눈에 미끄러질까 천천히 천천히 촬영지였던 향동동에 도착하니 이미 10시가 넘은 시간이었다. (당시 향동동은 재개발을 위해 사람들의 이주가 시작되어, 버려진 도시 같은 분위기를 풍겼다) 힘들게 도착했으나, 결국 폭설로 결국 촬영은 취소되었고, 천천히 천천히 다시 집으로 돌아오니 2시. 우리 집에서 향동동은 한 시간도 채 안 걸리는 거리인데, 무려 왕복 7시간이 걸렸다니. 허탈하지만 웃음이 나왔다.

적은 예산과 열악한 환경, 혹독한 날씨에 한 달 안에 영화 촬영을 마치는 일이 생각보다 더 고되었는지 김해인씨는 유독 그 당시 촬영을 힘겨워했다.

어느 날은 촬영을 마치고 집에 와서 조용히 말했다.

"아프리카에 가서 농사를 지어도 이보다는 쉬울 것 같아"

이제는 너무나 오래된 이야기라 그 어려움이 무엇이었는지 잘 기억나지 않지만, 나는 그 때 몇번이고 말했다. 힘들면 영화 같은 거, 언제든 그만둬도 괜찮다고. 다행히 김해인씨는 힘들게 촬영을 이어가면서도, 절대 영화 같은 거 그만 두지 않았다. 다만, 언젠가부터 늘 주먹을 꼭 쥐고 다니는 사람이 되어 있었다. 잘 때도, 밥 먹을 때도, 쓰지 않는 손은 늘 주먹을 쥐고 있었다. 얼마나 단단한 마음의 다짐을 했길래 저토록 주먹을 늘 꼭 쥐고 있나. 나는 그게 안타까워서 주먹 사이에 손을 넣어 슬며시 그 손을 잡으며, 꼭 쥔 주먹을 펴주곤 했다.
'화분에 심은 방울토마토도 다 죽이는데, 아프리카에서 농사는 쉬울 것 같고?'
이런 생각을 하긴 했지만, 정말 아프리카에 가자고 하면 당장 내일이라도 떠날 수 있도록 마음속으로 수없이 가방을 쌌다. 그 시절 내 마음은 그랬다.
촬영 후반부쯤, 유연석 배우는 촬영장에서 라이카 카메라로 찍은 흑백 사진을 김해인씨에게 선물로 주었다. 몹시 추운 날, 모자까지 푹 눌러쓰고 일하는 모습을 담은 그 사진이 나는 참 좋아서, 몇 년 동안 냉장고에 붙여두고 보았다.
영화는 촬영이 끝나고 일 년 후, 개봉을 했다. 스태프들이 모여 회식도 하고, 가끔 모임도 가지면서 독립영화의 즐거움을 마음껏 누렸다.

영화 개봉 후 나는 혼자 극장에서 두 번 영화를 보았다. 쪼무래기 조명부 김해인씨는 엔딩 크레딧 거의 끝에 이름이 올라갔지만, 그 이름이 정말 고마웠다. 힘들어서 어쩔 줄 모르던 일년 전 겨울의 김해인씨가 생각나서, 영화 보는 내내 코끝이 찡해져서 엔딩 크레딧이 올라갈 때에는 엉엉 울었다.

자신의 길을 묵묵하게 걸어 김해인씨는 자신의 이름이 앞 장에 찍힌 시나리오를 받는 촬영 감독이 되었고 유연석은 누구나 아는 스타 배우가 되었다. 긴 시간 옆에서 지켜본 그들의 지난날이 참 멋지고 아름답다는 생각이 들었다. 비록 멋진 날보다 찌질한 순간들이 훨씬 더 많았지만 말이다.
그리고 그러한 날들은 모이고 쌓여 지금의 모두가 되었다.

6화. 결혼반지를 팔았습니다.

얼마 전, 가족들이 모여 어머님의 칠순 기념 식사를 했다.

칠순이라 하면 자식이 당연히 식사를 대접하고 여행을 보내드리는 것이 일반적인 일이지만, 어머님은 모두의 예상을 뒤엎고 직접 식당을 예약하시고, 식사비까지 결제하시며 우리 모두에게 용돈도 챙겨 주셨다.

칠십이 되어도 자식은 세상에 내놓는 것이 아까울 만큼 여전히 너무나 귀하고 소중한 존재라는 이야기에 가슴이 찡해졌다. 그리고 그토록 귀한 우리들이 오늘날까지 큰 사고 없이 살고 있으니 너무 감사한 마음이 들어 칠순을 기념하며 모두에게 인사를 하고 싶으셨다고 했다. 그리고 결혼 이십 년 차 며느리인 나에게 해인이와 사느라 애 많이 썼다, 이야기를 해주시는데 순간 울컥하며 마음에 파도가 치는 듯 울렁거리며 눈물이 차올랐다. 하지만 그 자리에서 눈물은 어쩐지 후져 보여서 그냥 쓰윽 웃었다.

지금은 당연한 표준 계약서 이전의 시대에는 모든 계약이 주먹구구식이었다. 휴식도, 취침 시간도 보장되지 않고 촬영 당일 감독이 찍으려고 들고 나온 대본을 다 찍어야 그날의 촬영이 마무리되었다. 시간외수당은 꿈도 꿀 수 없었다. 두세 시간 자고 다음 날, 다시 촬영에 나가는 일은 당연했고, 링거투혼은 훈장처럼 느껴졌다. 심지어 어떤 약이 피로 회복에 빠르더라며, 자랑 릴레이를 했다.

'나 어제 링거 맞은 사람이야. 바쁜 사람이라는 이야기지.'

이런 말도 안 되는 자랑에 어깨가 으쓱거리던 시절, 스태프들의 월급 또한 체계적이지 않았다. 촬영부 막내가 10을 받으면, 세컨은 40을 받았고 퍼스트는 70을 받고, 이런 식이었으니 10을 받는 막내는 이슬만 먹고사는 기분으로 몇 달을 살아야했다. 그리고 영화라는 건, 월급이 아니라 작품 한 편당의 임금으로 계약하는데 보통 촬영 직전에 계약금을 받고 중간쯤 중도금, 그리고 촬영 마무리와 함께 잔금이 나온다. 지금은 돈을 못 받은 경우는 거의 없다고 말할 수 있지만, 그 시절에는 잔금을 제때 주지 않고 애를 태우거나, 가끔은 떼먹어 버리는 경우도 종종 있었다. 물론 김해인씨도 몇 백만원을 결국 받지 못한 경험이 있다. 그 돈을 받기 위해 고용 노동부에 신고를 해보기도 했으나, 노동자가 아니기에 도움을 줄 수 없다는 답변이 돌아왔다. 노동자도 아니고, 직장인도 아니고, 예술가도 아니라면 대체 나의 정체성은 무엇인가, 김해인씨는 한참을 고민했다. 그리고 결국 스스로를 계약을 통해 일하는개인 사업자라고 정의 내리고, 불합리한 시스템 속에서 어떻게든 살아남아야 한다는 사실을 받아들였다.

잘 나가는 조명부로 영화를 시작한 김해인씨는 학교를 졸업하고 결혼을 한 후에도 한동안은 조명부 일을 계속했다. 촬영을 전공했고 촬영감독이 되는 것이 꿈이었지만, 촬영부로 옮긴다면 조명부로 쌓은 경력은 전혀 인정되지 않기 때문에, 늦은 나이에 촬영부로 옮기는 일은 용기가 필요했다. 막내로 장비 들고 다니는 일부터 다시 시작해야하고, 자신보다 어린 친구 아래에서 일을 해야 하며 무엇보다 40을 받던 임금을 다시 10을 받아야 한다는 것을 의미했다. 김해인씨는 첫째 주희가 태어나고 한참 정신없던 때 촬영부로 옮기기로 결심했다. 서른이 넘은 나이였다.

초보 엄마였던 나는 유난히 예민하고 잠을 못 자는 첫 아이 주희를 키우며 일을 그만두고 아무런 벌이가 없었다. 지금 다시 그 시절로 돌아가면 나는 나의 커리어를 이어가는 선택을 했을까, 아니면 그때의 나처럼 오롯이 아이를 키우는 엄마로서의 삶을 선택할까.

벌이가 없던 전업주부로 살고 있던 나는 어느 상황에나 큰 불만은 없는 성격이어서 갑자기 줄어든 김해인씨의 벌이에 조금은 당황했지만, 내게는 내가 일하며 모아둔 돈이 약간 있었고 우리에겐 다행히 대출이 전혀 없었다. 대출이 없다는 것은 인생의 빚이라는 것을 그 시절에는 몰랐다. 그게 당연한 줄 알던 나이였으니 말이다.

촬영부 막내의 작품이 하나하나 늘어날수록 통장의 잔고는 야금야금 줄기 시작했다. 그리고 겨울이 왔을 때, 통장의 잔고는 0을 찍었다! 태어나서 처음 겪어보는 상황에 눈앞이 뱅글뱅글 돌았으나 나는 김해인씨에게 쭈굴거리는 소리를 하지 않았다. 그건 나의 성격이기도 했지만, 나의 결심이었고 나의 자존심이었다. 당장 나가서 일을 할 수도 없는 상황의 나는, 나의 결혼반지를 팔기로 크나큰 결심을 했다.

결혼할 때 우리는 흔히 말하는 예단이나 혼수는 거의 하지 않고 대부분 생략했다. 그리고 그 돈을 한곳에 모아 작은 집을 구입했다. 하지만 어머님은 다이아몬드 반지는 꼭 하나 하자면서 백화점에서 반짝이고 커다란 반지를 사주셨다. 시에라리온에서 일어난 다이아몬드를 둘러싼 내전에 대한 이야기를 읽은 후, 일생 다이아몬드를 내 몸에 두르고 사는 일은 하지 않겠다고 말하고 다닌 나였지만, 반짝이는 다이아몬드는 보기만 해도 황홀했다. 어쩐지 내 신념을 가져다 버린 기분이 들기도했고, 내 기준에서 너무 비싼 물건이어서 함부로 끼지 못하고 모두 잠든 밤에 혼자 몰래 반지를 꺼내서 손가락에 끼고는 반지를 감상했다. 그 순간에는 신념 따위는 양심 뒤 편에 던져버리고 반짝이는 반지를 보며 혼자 환호했다.

나는 아무도 몰래 아름다운 나의 반지를 팔기로 결심했다.

어차피 몇 년이 지나도록 나 혼자만 끼고 좋아했지, 밖으로 끼고 다닌 일이 없어서 반지가 없어져도 아무도 눈치채지 못할 것 같았다. 그냥 나 혼자만 알면 되는 일이라고 생각했다.

반지를 팔기로 결심을 한 날은 무척 추웠다.

이런 고가의 물건은 어디에서 어떻게 거래해야 하는지 알지 못하는 나는 무작정 종로로 갔다. 반지를 품에 넣고 걸어가는데 가슴이 너무 뛰어서 심장이 튀어나오는 기분이었다. 소매치기라도 당할까봐, 누가 보아도 값비싼 물건을 몸에 지니고 있는 사람의 모양새로 온몸을 잔뜩 움추리고 돌아다녔다. 팔기로 결심한 반지를, 팔지 않으면 당장 뾰족한 수도 없는 그런 반지를 손에 쥐고는 이래도 되나, 이게 맞나, 혼자 길에 멈춰서서 오백 번은 고민했다. 이미 정해진 답에 뭐 그렇게 고민했을까, 지금 생각하면 웃음도 나온다. 하지만 그날의 나에게는 세상에서 제일 심각하고 중대한 일이었다. 비싸고 반짝이는 커다란 반지는 처음 산 가격의 절반도 받지 못하고 내 손을 떠났다.

이거 백화점의 비싼 매장에서 샀다고 꼬물딱거리며 이야기했지만, 다이아몬드를 팔 때에는 그런 건 전혀 중요하지 않은 이야기였다. 이럴 줄 알았다면 순금 반지로 사달라고 할 걸, 오래오래 생각했다. 보석상에서는 최고급 큐빅을 그 자리에 박아주겠다고 제안했지만 거절했다.

집으로 돌아와 특별한 일이 없던 하루처럼 똑같이 아이를 재우고 밥을 해 먹었다. 나는 밥을 먹다가 조금은 즉흥적으로, 주말에 마트에 가자는 듯한 말투로 말을 했다.

"우리 이번 작품 끝나면 여행 가자. 내가 남쪽으로 튀어, 라는 소설을 읽고 있거든. 그 소설에 이리오모테라는 섬이 나와. 주인공이 가장 이상적이라고 생각하는 그런 장소야. 우리 거기에 가자. 근데 이리오모테가 어디지? 어떻게 가지? "

나중에 알게된 사실인데 이리오모테는 비행기를 두번타고 태평양을 건너는 배를 타고 한 시간을 더 가야 하는 엄청난 섬이었다. 반지를 팔았는데, 결혼반지를 팔았는데 그 돈을 생활비에 사용했다는 결말보다는 그 돈으로 소설을 읽으며 너무 가보고 싶었던 소설 속 배경이 된 그 섬으로 우리는 여행을 떠났답니다! 이런 이야기가 있어야 떠나간 내 반지도 보람을 느낄 것 같았고 언젠가 부모님이 알게 되어도 덜 속상해하실 것 같았다. 그리고 그 오랜 세월 동안 반지를 팔았다는 이야기는 말로도, 글로도 오늘 처음 해본다.

그렇게 그해 겨울, 우리 가족은 처음 들어보는 남쪽의 섬으로 튀었다. 소설처럼.

7화. 그때부터 지금까지

프리랜서의 가장 좋은 점을 고르라면 바로 자유로운 시간 관리! 다양한 어려움 속에서도 이 즐거움 하나로, 직업은 있지만 직장은 없는 이 생활을 사랑한다고 말할 수 있을 정도이다

영화나 드라마 한 편을 끝내면 최소한 한 달의 여유로운 시간이 생긴다. 아이들이 학교와 학원에 꽁꽁 매이기 전에는 대부분 그 시간에 길고 짧은 여행을 했다. 늘 해외여행을 할 수는 없었기에, 대부분 김해인씨가 찍은 작품에서 가장 인상적인 촬영 장소로 여행을 떠나곤 했다. 그건 김해인씨의 가족 사랑법이기도 했다.

아직 촬영의 여운이 사라지지 않은 장소들을 찾아가는 여행은 우리 가족끼리 특별한 추억을 나누어 가지는 우리 가족의 전통과도 같은 일이 되었다. 과묵한 스타일인 김해인씨는 촬영 장소로 떠나는 여행에서는 이 세상 최고의 수다쟁이가 된다. 장소를 처음 봤을 때의 인상, 이 장소를 어떻게 디자인하고 세팅할지 구상하던 이야기, 즐거운 이야기, 배우와의 흥미로운 에피소드 그리고 촬영 중 힘들었던 순간까지, 쉬지 않고 이야기를 쏟아낸다.

물론 대부분은 자기 자랑이어서 응응~ 한 귀로 듣고 한 귀로 흘리기도 하지만, 우리는 최대한 감탄하고 가끔은 위로도 하면서 이야기를 나눈다. 그리고 밥도 대부분 촬영 중 방문했던

식당에서 먹는다.

솔직히 더 맛있는 집들도 많지만, 맛보다는 추억을 공유하는 여행이기 때문이다. 맛이 없으면 '이렇게 맛없는 밥을 먹느라 고생했네?', 맛있으면 '이렇게 맛있는 밥 먹으며 일했으니 행복했겠어!' 이런 뻔한 수다를 떠는 시간을 가진다.

아이들이 모두 잠든 밤이면 그 지역에서 나오는 막걸리 한 잔을 마시며 아이들의 이야기가 아닌 우리 둘의 이야기를 나눈다. 우리 둘이 세상에서 할 말이 가장 많은 그런 사이로 살아가자고 약속했지만, 나이가 들고 아이가 자라고 결혼 연차가 쌓일수록 나와 김해인씨가 별 볼일 없는 수다를 떠는 일은 자꾸만 줄어들고 있다. 그러니 일부러 자리를 만드는 수밖에.

모든 관계는 저절로 자라나지 않는다. 부부 역시. 가장 가까운 사이인 것 같은 부부 역시 끊임없이 가꾸고 보살피지 않으면 금세 낡아버릴 수 있으니 잘 가꾸어 가야 하는 것이다.

13년 전, 촬영부 막내를 벗어나고 막 세컨이 되었을 때쯤, 촬영이 끝난 직후 촬영 장소였던 전라도의 염전으로 여행을 떠났다. 염전이라면 바다 옆에 있을 것으로 생각했는데 신기하게 염전이 산으로 둘러싸여 있었다. 염전에서의 촬영은 처음이어서 이야기를 나누며 한참을 걷다가 차로 돌아왔더니 아직 촬영 짐도 정리되지 않은 차 안에서 촬영 때 사용했던 장갑이 보였다.

무거운 짐을 들 일이 많던 그 시절 조수 김해인씨는 작품 한두 편만 끝나도 장갑에 구멍이 나서 자주 장갑을 바꾸어야 했다. 차 안에서 나온 장갑은 땀에 절어 빳빳해지고 구멍도 여기저기 나 있었다. 무거운 카메라와 장비를 들고 열심히 현장을 뛰어다닌 그 시간들이 그 안에 고스란히 박혀있는 것 같아서 장갑을 보는 순간 눈물이 툭 날 것 같았다.
"이건 왜 안 버리고 가지고 있어?"
가슴이 찌르르해진 나는 괜히 이렇게 핀잔을 주었다.
"기억하려고. 얼마나 열심히 했는지. 그리고 내가 감독이 되어서도 모두 얼마나 열심히 일을 하고 있는지 기억하려고."
그 말에 나는 가슴이 따뜻해지는 기분이 들었다.
세상에서 가장 불만 많은 사람 같은 김해인씨지만 속은 다정하구나, 어쩐지 안심이 되었다.

십여 년이 지나 지난 가을 그 염전에 다시 다녀왔다.
염전으로 가는 길은 이제 큰 길이 생겨서 가기도 훨씬 쉬워졌고 관광지로 정비되어 염전 앞에는 커다란 카페와 식당도 여럿 생겼다. 그리고 김해인씨도 그때 마음 깊이 꼭꼭 다짐하던 촬영감독이 되었다. 염전 앞에서 우리는 그 시절 이야기를 나누었다. 그 기분이 제법 멋져서 가슴이 두근거렸다.

그런 나를 보며 김해인씨가 이야기했다.

"그건 자기가 밑바닥부터 지금까지 나의 모든 순간을 다 옆에서 지켜봤기 때문이야."

대학 1학년 때 만나 결혼을 하고, 땀 묻어 축축해진 돈 30만 원을 안겨주던 날부터 지금까지. 서로 가장 예뻤던 시절을 기억하고 있고, 그때부터 지금까지 모든 순간을 알고 있는 사람과 함께 살며 나이 들어가는 일은 어린 시절 막연히 생각했던 것보다 훨씬 더 멋진 일이라는 생각이 드는 요즘이다.

8화. 모든 순간 영화처럼

가끔은 불운이 나를 아슬아슬하게 스쳐 간다는 생각이 든다. 내 행운의 여신은 늘 나를 잘 지켜봐 주고 있는 걸까. 불운을 정면으로 맞닥뜨린 적은 없지만, 그렇다고 완전히 비껴가지도 않는다. 그런 종류의 불운은 마치 내 등 뒤의 먼지 같다. 애써 손을 뻗어 털어내도, 어느새 다시 등 뒤에 내려앉아 있으니 말이다.

2011년은 내 기억 속에서 무엇을 해도 참 힘겨웠던 한 해였다.
'아! 사는 것이 이렇게도 힘이 들 수도 있구나.'
생각이 들 정도로 모든 것이 밑바닥을 치고 또 쳤다. 일부러 웃을 일을 찾아 웃지 않으면, 평생 웃을 수 없을 것만 같았다. 그런데 신기하게도, 그 모든 순간들이 지금은 마치 영화의 한 장면처럼 기억이 된다. 그래서일까. 가끔은 내가 영화의 주인공 같다는 생각이 든다. 영화의 주인공들처럼, 무슨 일이 있어도 모든 역경을 씩씩하게 넘고 넘어서 "행복하게 잘 살았답니다." 라고 나의 이야기도 끝이 날 것 같은 기분이 드는 것이다. 나도 용기 내서 씩씩하게 나아가다 보면, 모든 일이 해결되고, 결국은 잘 살았답니다! 라고 끝나게 되지 않을까 하는 기대감이 생긴다.

그 해에는 김해인씨의 영화도 최악이라고 기억이 된다. 물론 어디까지나 옆에서 지켜보는 나의 관점에서 말이다. 최악의 한해,

최악의 영화이니 제목은 굳이 이야기하지 않으려고 한다. 그 영화를 피하려고 애썼지만, 이상하리만치 등에 착 붙어서 떨어지지 않았다. 등 뒤의 먼지가 아니라 빈대라도 붙은 기분이 들었다.

결국 영화 촬영 중 사고가 터졌다. 폭파 장면에서 작은 사고가 생겼고, 촬영부 전원이 더는 촬영을 이어갈 수 없다고 촬영을 중단했다. 당시 김해인씨는 촬영부 조수였다. 심지어 퍼스트도 아니었을 텐데, 현장의 부당함을 이야기할 때는 늘 맨 앞에 섰다. 주먹을 쥐고 가장 큰 목소리로 총대를 짊어지는 역할을 도맡았다. 이건 타고난 천성인 걸까. 이렇게 모든 투쟁의 현장 맨 앞에는 늘 김해인씨가 빠지지 않는다. 그래서 뿌듯한 마음과 더불어 가슴을 졸이는 일은 늘 내 몫이다. 나는 너무나 소심한 간이 작은 사람이므로. 김해인씨는 지금까지도 무슨 일만 생기면 늘 협상과 투쟁의 맨 앞에 선다. 좀처럼 물러서거나 타협할 줄 모르는 사람과 살다 보니, 늘 조마조마 가슴을 졸이는 일은 영원한 내 몫이구나 싶다.

그렇게 모든 일이 되는 것 하나 없이 버거웠던 한 해의 마지막 날, 나는 동네 상가에 있는 미용실에서 머리카락을 짧게 잘랐다. 머리카락을 잘라내면 불운들이 다 떨어져 나갈 것이라는 흔해 빠진 믿음 같은 것을 마음에 품고서. 그런데 내 기대와 다르게 머리는 엉망이 되었고, 미용실을 나서며 나는 엉엉엉 소리 내어 울고 말았다.
'올해는 머리 자르는 것조차 마음대로 안 되는구나.'
 일 년을 참았던 눈물을 다 쏟아내듯이 울고 또 울었다. 그때가 12월 31일 저녁 8시였다. 울고 있는 나를 가만히 지켜보던 김해인씨는 곧바로 홍대의 미용실 리스트를 뽑아서 전화를 걸기 시작했다. 늦은 시간이지만 지금 가면 바로 파마해 줄 수 있는 미용실을 찾아서 말이다. 한 해의 마지막 날, 이미 시간도 너무 늦어서 가능하다는 미용실은 없었다. 하지만 포기를 모르는 김해인씨는 전국의 모든 미용실에 전화를 걸 기세였다. 그리고 결국, 12월 31일 밤 12시. 우리 가족은 홍대의 미용실에 쪼르르 앉아 내가 파마하는 모습을 지켜보았다. 내가 엉엉울며 들어오는 모습이 안쓰러웠는지, 미용사는 정성을 다해 머리를 만져주었다. 그리고 미용실을 나설때에는 머리 스타일이 무척 마음에 들어서 새롭게 태어난 기분이 들었다. 그런 나를 보며 김해인씨는 이야기했다.

"얼마든지 바꿀 수 있는 일로는 울지 말고 살자."

우리는 2012년이 시작되는 새벽, 작은 우동 가게에서 우동을 호호 불어 먹으며 소설 <우동 한 그릇> 속에 들어온 것 같다며 즐거워했다. 그리고 다음 날 대마도로 일주일간 여행을 떠났다.

그리고 여행을 마치고 돌아오자, 신기하게 좋은 일이 끊임없이 생기기 시작했다.

'역시 여행의 끝엔 늘 좋은 일이 생긴다니까!'

속으로 만세를 부르며 새로운 머리 스타일로 새로운 한 해를 시작했다.

9화. 아빠 우리 집에 놀러 오세요

뒤늦게 촬영부 막내로 새로운 영화 인생을 시작한 김해인씨는 두 주먹을 불끈 움켜쥐고 빠르게 성장하기 위해 혼신의 힘을 다 했다. 그 성장은 본인의 경력에도 중요하지만, 이제는 삼인 가족이 된 우리 가족의 생계 그 자체였다. 한 촬영팀에 있으면 승진이 빠르지 않기 때문에 뒷말을 들으면서도 끊임없이 촬영부를 옮겨 다녔다. 빈자리가 생기면 무엇이든 했다. 늘 영화만 하던 영화인 김해인씨는 그 때부터 영화와 드라마, 가끔은 광고나 뮤직비디오까지 어디든 자리가 나는 곳이면 달려나가 촬영을 했다. 예술보다 생계를 위하여 카메라를 들기 시작한 것이다.

쭈굴거리는 소리를 하지 않는 것은 나의 성격이었다면, 그건 김해인씨의 성격이었다. 우리는 각자의 성격대로, 서로 결혼할 때 결심한 대로, 자신의 자리에서 무엇이든 최선을 다하며 살았다. 하지만 무엇이든 했던 김해인씨에게도 작품을 고르는 변치 않는 기준이 있었다. 내 아이들이 언제 보아도 부끄럽지 않아야 할 것.

내가 잔액 0원의 통장을 위해 조용히 반지를 팔아가며 가족과 일상을 지키는 동안, 김해인씨 또한 프리랜서의 긴 창을 휘두르며 조용히 자신만의 전쟁을 치르고 있었다.

팀을 이루어 영화 촬영만 하던 영화인 김해인씨가 큰 맘을 먹고 드라마 현장으로 옮겨 간 것이 2012년 무렵이었다. 첫 아이 주희가 5살이 되던 해였다.

드라마 첫 회는 해외 촬영이라는 공식이 이 무렵 생겨났고 드라마 한 편의 시간도 50분에서 70분으로 늘어나서 일주일 동안 촬영해야 하는 분량이 넘쳐났다. 당시에는 드라마를 지금처럼 사전 제작이 아닌 거의 생방송에 가까운 상황으로 일주일에 두 편을 미친 듯이 찍어냈다. 카봉(카메라 봉고) 이라고 불리는 스타렉스에 한 번 올라타면, 일주일이 지나도록 서울을 뱅글뱅글 돌면서 집에 오지 못할 때도 있었다. 목욕탕에 붙은 찜질방에서 잠시 눈을 붙이고 다시 카봉에 올라타서 뱅글뱅글. 그러다가 피곤으로 쓰러질 것 같으면 병원에 가서 영양제 한 병을 맞고, 다시 카봉을 타고 뱅글뱅글 촬영장을 돌고 돌았다. 머리만 닿으면 숙면을 취할 정도의 잠대장인 나도 김해인씨를 기다리느라 잠을 푹 자본 날이 별로 없었다. 가끔 갈아입을 옷을 들고 촬영장을 찾아가기도 했다.

한 번은 홍대의 클럽에서 촬영하던 날, 꼬꼬마였던 첫째 아이 주희를 데리고 촬영장을 찾았다. 주연이 아이돌이라 현장은 마치 콘서트장처럼 후끈후끈했다. 그리고 나는 그 날을 유독 또렷하게 기억을 한다. 어두운 공연장. 아이돌 주연 배우를 만나러 온 수많은 팬들 사이를 비집고 맨 앞자리까지 들어가자, 촬

현장이 보였다. 카메라 뒤편에 김해인씨가 서 있었다. 일에 집중한 탓인지, 우리가 온 것도 알아채지 못한 눈치였다. 그날, 멀리서 본 김해인씨는 전보다 훨씬 단단해 보였다. 한 치의 망설임도 없이 자신의 길을 가는 사람만이 가질 수 있는 표정. 그건 삶을 살아가는 한 명의 인간으로서 참으로 부러운 얼굴이었다.
주희와 촬영장에서 한참을 기다려 오랜만에 셋이 함께 저녁을 먹고 헤어져야 하는 시간이 찾아왔다. 아쉬운 마음에 김해인씨가 주희를 꼭 안아주자 주희가 속삭였다.
"아빠, 우리 집에 꼭 놀러 와!"
나도 김해인씨도 코끝이 찡해지는 순간이었다.
촬영하는 김해인씨와 산다는 것은, 독박육아가 나의 기본값이라는 것을 뜻했다. 사실은 그 일은 생각보다 힘들었다. 매일 정확한 시간에 출퇴근이 이루어지는 일이 아니어서 촬영을 시작하면 언제 집에 들어올지 늘 알 수 없었다. 아이가 어려서 집 앞 슈퍼 외출도 쉽지 않던 때에는 가장 힘들었던 점은 다름 아닌 언어의 결핍이었다. 매일 아이와 단둘이 집에 있으니, 온통 아이의 언어로만 이야기해야 했다. 어른의 언어가 늘 그리웠다.
어느 밤에는, 잠든 아이를 두고 나갈 수 없어 집 앞 100미터 앞 빵집을 가지 못했다. 그 순간 나는 꽈배기가 너무 먹고싶다고, 꽈배기를 핑계삼아 혼자 울기도 했다.

하지만 김해인씨의 입장에서 생각해보자면, 그의 입장도 크게 다르지 않았을 것이다. 집을 비운 수많은 시간 동안 아이는 끊임없이 자랐고, 모든 결정적 순간을 함께하지 못하고 놓쳐야 했다. 작품 한 편의 촬영을 끝내면 아이는 놀랍게 커 있었다. 다행히 우리는 그러한 서로의 등을 토닥여줄 수 있는 사이였다. 나와 가장 가까운 사람이 내 등을 토닥이는 위로의 힘은 생각보다 대단했다.

우리가 촬영장을 방문하고 몇 일 후는 발렌타인데이였다. 드라마 출연 중이던 아이돌 배우가 챙겨준 초코렛 바구니를 들고 김해인씨가 몇일 만에 집으로 돌아왔다. 그 초코렛 바구니가 나를 위해 준비한 것이 아니라는 것을 알면서도 나는 괜스레 마음이 붕붕 들떴다. 그리고 한동안 만나는 사람마다 자랑하고 다녔다.

"나 아이돌에게 초코렛 받은 사람이에요!"

사실 그 날 밤, 나를 설레게 했던 건 초코렛이 아니라 김해인씨의 귀가였다.

10화. 런던에서 보낸 여름.

2013년 여름, 첫째 주희가 일곱 살이 되던 해, 우리 가족은 런던으로 떠났다. 사실 이 계획은 주희 돌잔치를 하며 세운 오래된 계획이었다. 그 때 우리는 돌반지를 팔아 통장을 만들었는데, 그것이 런던행의 시작이었다. 물론 지금은 땅을 치고 후회 중이다. 금 값이 이렇게 비싸질 줄이야! 그 때 그 반지를 안 팔았으면, 지금 대체 돈이 얼마야!

우리는 런던 첼시에 작은 방 한 칸을 얻었다. 그리고 그 작은 방에서 세상에서 가장 아름답고 가장 느리게 흘러가는 여름을 보냈다. 작은 아파트의 방 한 칸에서 김해인씨와 나, 그리고 주희 우리 셋은 잠시도 떨어지지 않고 한 침대에서 잠을 잤고, 하루 세 끼를 모두 함께 먹었다. 지금이 아니면 우리가 언제 한 침대에서 오글바글 거리며 잠이 들겠냐고 좁은 침대에 누워 깔깔 웃었다.

런던으로 떠나기 직전에는 김해인씨는 이미 촬영부 퍼스트로 제법 자리를 잡아, 하루도 쉬지 않는 사람이라는 소문이 자자했다. 아침 10시에 드라마 한 편을 끝내면 오후 2시에 새로운 드라마 현장으로 출근할 만큼 정신없이 일을 했다. 같이 얼굴 보며 밥 한 끼 먹기 힘든 시절이라 우리는 이렇게 딱 붙어서 보내는 시간이 너무나 소중했다.

런던에서의 시간은 정말 멋졌다. 골목골목 산책하듯 걷다가 동네 카페에 앉아서 커피를 마셨다. 월요일에는 꼭 동네 도서관에 갔다. 슬슬 걸어서 미술관에 갔고, 주희는 그림을 그리고 공원을 뛰어다녔다.

아더왕의 전설이 담긴 언덕을 오르며, 이야기를 찾아 전세계에서 몰려드는 사람들 속에서 이야기의 힘에 대해 생각했다.

피터래빗 이야기가 태어난 호수 마을에서는 소중한 것을 지키는 가치를 마음 깊이 담았다.

 에든버러에서는 세상에서 제일 신나는 축제를 즐겼다. 렌터카로 하이랜드로 가는 길에는 숙소를 구하지 못해 발을 동동 굴렀다. 그리고 호수의 괴물 '네시'가 산다는 유명한 호수앞에서 세 가족이 경차 안에서 쪼그리고 잠을 자기도 했다.

 그리고 언제나 내가 갈 수 있는 가장 먼 곳이라 생각하며 살았던 아일오브스카이에 도착했을 때, 드디어 여기에 우리가 왔구나, 가슴이 벅차올랐다. 나 혼자면 오지 못했을 곳. 가족이 함께였기에 가능했고, 함께였기에 더욱 의미 있었다. 가족이 함께한다는 것은 앞으로 나아갈 수 있는 큰 힘을 주었다. 여행에서도, 세상살이에서도.

대학 졸업 후 잠시 런던에서 살았던 나에게 이 도시는 마음의 고향과 같았다. 그래서 함께 가고 싶은 곳이 넘쳤지만, 김해인씨와 가장 먼저 간 곳은 템즈강 변의 BFI South bank였다. 영국 영화 협회 (British Film Institute)에서 운영하는 런던에서 가장 사랑하는 극장 BFI는 템즈강변에서도 가장 멋진 구역에 자리 잡고 있다. 극장 안에는 도서관과 카페, 서점, 그리고 네 개의 상영관이 있다. 런던에 살던 시절, 수 없이 이력서를 냈지만, 번번이 떨어졌던 바로 그 곳. 김해인씨는 언젠가 자신이 찍은 영화가 여기에서 꼭 상영되는 날이 오면 좋겠다며 감탄했다. 그리고 그 장소를 나만큼 좋아하기 시작하게 되었다.

그리고 꼭 10년 후, 2023년. 바로 그 장소에서 김해인씨가 촬영한 영화가 상영되었다. 무려 다섯 번의 상영이 있었고 주말 상영은 전 좌석 매진이 되었다. 이건 한 개인에겐 무척 중요한 역사였다. 나는 김해인씨보다 더 설레여하며 꼭 런던으로가서 그 순간을 직접 봐야한다고, 방방 뛰었다. 내가 아는 모두에게 자랑을 하면서 마지막 상영을 하루 전날까지 나는 항공권 예약 사이트를 들여다보며 가슴 두근두근했다. 하지만 결국 둘 다 런던은 가지 못했다. 그래도 나는 알고 있었다. 지구 반대편, 내가 너무나 사랑하는 그 극장에서 그의 꿈이 스크린을 통해 반짝이며 빛났을 것이라는 것을. 이 순간을 마음 속으로 그려보는 것만으로도 앞으로 10년은 그저 행복할꺼라는 것을 나는 알았다.

런던 BFI에서 상영이 결정되었을 때 김해인씨는 내게 말했다.

"이건 이십 년 전에 자기가 열심히 넣은 이력서에 대한 조금 늦은 대답이야."

내가 이십 년 전에 열심히 넣은 이력서가 통과되었더라면 한국으로 돌아오지 않았을 것이고, 결혼도 하지 않았을 것이라며 깔깔거리며 웃었다. 하지만 마치 영화를 찍는 모든 순간, 나와 함께 있었다고 말하는 것 같아서, 오래도록 마음에 그 말이 남아서 문득문득 설레었다. 생일에도 꽃 한 송이 선물할 줄 모르는 김해인씨의 낭만은 그런 것이었다. 영화 시나리오가 들어오면 내 것도 꼭 챙겨주고, 크레딧에 이름을 넣어주는 정말 영화인다운 낭만. 그리고 나는 다행히 티파니 반지보다 그런 쪽이 훨씬 낭만적이라 생각하는 사람이다.

즐거웠던 런던 생활은 우리의 계획보다 빨리 마무리되었다.
김해인씨가 갑자기 중국 촬영을 가야 하는 일이 생긴 것이다. 동료들은 최대한 날짜를 늦춰주며 시간을 벌어 주었지만, 더 이상 미룰 수는 없었다. 중국과 한국을 거쳐 영국까지 국제 우편으로 서류들이 오고 갔다. 손가락만 움직이면 모든 것이 해결되는 지금 생각하면, 그때가 조금 불편해도 참 낭만적인 시대라는 생각이 든다.

런던 생활을 조금 빨리 정리하고 4개월 일정으로, 바로 중국으로 떠난 김해인씨. 중국이 김해인씨의 영화 인생에 중요한 무대로 등장하게 되리라는 것은 이때만 해도 전혀 몰랐다.

11화. 맨발로 가출

나는 이해의 폭이 넓은 평화주의자이지만, 나에게도 참을 수 없는 한 가지가 있었으니, 그건 바로 술.술.술.

기억을 더듬어 올라가 보면 김해인씨는 학창 시절에도 늘 술과 함께하는 사람이었다. '막차가 끊길 때 만나서 첫차가 다닐 때까지 마신다.' 이런 말도 안 되는 목표를 가진 새벽 팀 클럽의 당주였고, 모든 술자리의 중심에 있었다. 게다가 어찌나 남자들에게 인기가 많던지 늘 형님 형님 형님, 따라다니는 후배들도 많았다. 결혼 전에는 그 모습이 의리있고 믿음직스러워 보였다. 하지만 결혼을 한 후에는 그것이 우리 결혼 생활의 발목을 붙잡았다.

스무 살이 넘어 내가 연애를 처음 시작할 때 엄마는 내게 말했다. 연애할 때의 장점은 결혼 생활의 단점이 되는 경우가 많다고 말이다. 그 말을 새겨들어야 했다. 엄마 말은 하나도 틀린 것이 없었다.

형님 세계에서 김해인씨는 후배들의 슈퍼스타였다. 세상에서 술을 재일 잘 마시고 담배를 잘 피우고 의리에 주먹을 불끈 쥐는 롤모델. 그게 이십 대의 김해인씨였다. 결혼하고 나서도, 아이가 생기고 나서도, 약속이 생기면 오후 2시 약속이든, 밤 10시 약속이든 어김없이 다음 날 첫차가 다녀야 집으로 돌아왔다.

술에 취한 정도가 아니라 술병에 들어가 밤새 수영이라도 한 사람처럼, 술에 절여져서 들어왔다. 그 모습을 볼 때마다 지구 반대

쪽까지 땅을 파고 들어가서 소리를 빽 지르고 싶은 심정이었다. 지금 생각하면 그만큼 간이 튼튼해서 다행인 건가, 건강한 신체에 감사한 마음도 들기도 한다. 하지만 그 긴 세월, 그 상황을 참고 살아온 나의 인내심 또한 감사하게 느껴진다.

결혼 생활에 대부분이 괜찮고 딱 한 가지가 싫다면 그 한 가지는 눈을 꼭 감고 사는 것이 지혜라고 말한다. 하지만 나는 다 눈을 감고 살아도 이건 더 이상 눈을 감고 참기가 힘들었다. 나는 싸움을 좋아하지 않아서 부부싸움을 (거의) 하지 않고 살아온 편인데 술 마시고 들어온 김해인씨에게 소리를 질러 보기도 했고, 울어 보기도 했으며 협박하고 달래 보기도 하고, 어머니께 이를 거라는 유치한 으름장을 놓아 보기도 했다. 하지만 십 년이 지나고, 십일 년이 지나도 절대 고쳐지지 않았다.

사람은 절대 쉽게 바뀌지 않는다. 결혼 생활을 하고 아이를 낳아 키우며 내가 알게 된 진리가 바로 그것이다. 서로를 그대로 인정해야만 그 결혼이 평온하다는 것. 이해가 아니다. 그냥 인정.

하지만 모든 것을 이해하고 인정해도, 연락 끊고 밤새워 마시는 술은 인정할 수 없었다. 그러던 어느 가을, 며칠 동안 두통이 심했다. 똑바로 걸어도 옆으로 걷는 것 같았다. 그 정도면 MRI를 찍어야 한다고 주변에서 걱정했다. 매일 밤 술에 취해 새벽에 비틀거리고 들어와서 점심까지 잠을 자는 김해인씨에게 화를 넘어선 분

노를 느꼈다. 옆으로 날라 차고 뒤집어 차고 등짝을 두들겨 패도 풀릴 것 같지 않았다. 하지만 아슬아슬한 평화라도 지키고 싶은 소심한 평화주의자인 나는 코 골며 잠자는 김해인씨의 등짝을 발로 차고는 자다가 몸부림 때문에 그런 척 시치미를 떼는 것이 전부였다. 나는 그때부터 김해인씨를 발로 차고 싶은 등짝이라고 부르고 있다.

어느 날, 밤새 술 마시고 들어와서 코 골며 잠자는 김해인씨를 두고 집을 나섰다. 원래는 서점에 갔다가 장을 보고 돌아올 생각이었다. 그런데 딴생각을 하다가 정거장을 지나친 나는 '에라 모르겠다' 이런 마음으로 김포 공항으로 갔다. 김포 공항에서 가장 빨리 출발하는 제주행 비행기표를 즉흥적으로 구입을 했는데 갑자기 가슴이 뻥 뚫리는 기분이었다.

양말도 신지 않고 맨발에 장바구니 하나 들고 비행기표를 구입하는 나에게 항공사 직원은 제주도민이세요? 물었다. 나중에 알고 보니 제주도민은 비행기표 할인을 받을 수 있다고 했다.

집을 나선 지 세 시간 만에 제주도에 도착했다. 맨발로 장바구니를 든 채, 마치 동네 슈퍼 가는 차림새로 제주에 도착한 나는 무작정 버스를 타고 동쪽으로 동쪽으로 달렸다. 그리고 그날 밤 제주 동쪽의 작은 방에서 태어나서 가장 달콤한 잠을 잤다. 깨지도 않고, 뒤척이지도 않고, 결혼 후 그런 달디 단 잠은 처음이었다.

이튿 날 아침, 일찍 일어나 커피를 마시며 생각했다. 우리가 이런 시간을 자주 가질 수 있다면 우리의 인생은 훨씬 더 풍요로울텐데. 자전거를 타고, 책을 읽고, 낮잠을 자고, 맥주를 마시며 제주에서 완벽한 하루를 보냈다. 신기하게 김해인씨도, 아이들도, 집도 아무것도 생각나지 않았다.

그렇게 가출로 시작한 나 홀로 제주도의 끝은 과연 어떻게 되었을까?

나 혼자 고요하게 책을 읽고 있는 방에 김해인씨는 맥주와 만두를 사서 한밤중 나를 찾아왔다. 나는 그 순간, 마치 방 안에 기린 한 마리가 들어온 것처럼 기이하고 낯설고, 한편으로는 웃겨서 웃음이 났다. 밤 열 시에 갑자기 작은 내 방에 나타난 거대한 김해인씨라니! 아이들을 할머니 집으로 급히 보내며 "아빠가 엄마 찾아올게." 이런 비장한 이야기를 하고는 비행기를 탔다고 한다. 그렇게 한밤에 나를 찾아온 김해인씨와 다음 날 아침에 오름에 올라가며 역시 비장하게 김해인씨는 말했다.

"자기는 내가 살아온 생의 증거이고 이유야. 그러니 옆에 있어줘."

아! 이렇게 마음 약한 평화주의자의 가출은 이 한마디에 막을 내리고 말았다.

그렇다면 가출 이후, 과연 김해인씨는 술을 끊었을까?

절대 아니다. 사람은 역시 쉽게 바뀌지 않는다. 하지만 이제는 나가기 전에는 어디에 가는지, 몇 시에 올 것인지 이야기를 한다. 물론 그 약속을 다 지키지는 않지만 그래도 최대한 약속을 지키려고 노력하므로 괜찮다. 그리고 더 이상 술에 취한 채 첫 차는 타지 않는다.

그리고 나는 그 뒤로, 주기적으로 혼자서 제주도에 간다. 일 년에 두 번, 내가 가장 좋아하는 동쪽의 작은 방에서 자전거를 타고 맥주를 마신다. 일 년을 마치 그 두 번의 제주행을 위해 사는 사람처럼. 그런 시간을 내 삶의 시간표에 넣은 후, 내 삶은 훨씬 더 풍요로워졌다. 그리고 내가 집을 비운 그 시간동안, 김해인씨도 그 누구의 눈치도 보지 않고 아이들이 다 잠든 밤 중 맘 편히 밤 늦도록 영화를 보며 집술을 즐긴다. 모두에게 좋은 시간이다.

올해도 제주도에 갈 때가 다가오고 있다.

12화. 달콤한 나의 도시 episode 1

최강희와 지현우 주연의 <달콤한 나의 도시>는 내가 좋아하는 드라마 중 하나이다. 친한 친구가 드라마의 오디션을 보고 떨어졌는데, 우리는 첫 방송을 함께 보며 이런 저런 말을 주고 받았다.

"저 드라마는 두고두고 널 캐스팅하지 않을 걸 아쉬워할 거야."

그렇게 실눈을 뜨고 째려보았던 바로 그 드라마. 달콤한 나의 도시. 드라마를 보다가 김해인씨가 이야기했다.

"태오 불쌍해. 영화를 하는 사람은 시간도 없고, 돈도 없고 결국 애인에게 해줄 수 있는 일이라고는 밥 해주고 노래 불러주는 일뿐이잖아."

지현우 배우가 연기한 태오는 영화를 하고 싶어서 학교를 휴학하고 연출부 막내로 슬레이트를 치는 휴학생이었다. 영화라는 꿈을 안고 가난과 불안정한 현실을 살아가는 모습이 드라마 속 모습이지만, 어쩐지 마음을 아리게 했다.

대체 왜 영화 하는 사람은 그렇게 가난하지? 대체 뭐가 좋아서 방구석을 굴러다니며 방바닥을 긁으면서도 영화가 좋다고 꿈을 놓지 못하는 걸까? 영화 하면 가난하다는 말이 공식처럼 따라붙던 시절, 대체 영화가 무엇이길래 우리의 꿈과 청춘을 던져서 달려들었을까?

영화가 좋아서 다니던 대학을 그만두고, 혹은 회사를 그만두고

혹은 회사를 그만두고 다시 학교에 들어가서 삼삼오오 모여 날이 밝는 줄도 모르고 목마른 사람이 갈등을 달래듯 영화를 보고, 영화를 이야기하고, 영화를 만들다 보니 이십 대가 지나갔다.

누군가의 눈에는 한심해 보였을지 모르는 청춘이지만, 꿈꾸는 이들이 내 주위에 있다는 것이 참 축복처럼 느껴졌다. 꿈에 도달하지 못해 좌절하는 날들도 많았지만, 난 꿈꾸는 사람들 사이에서 행복한 날들을 보냈다. 내가 이십 대로 다시 돌아간다면 여전히 같은 선택을 할 것인가, 가끔은 고민하지만 언제나 대답은 예쓰!

2013년 가을, 런던에서 돌아오자마자 김해인씨는 4개월 일정으로 중국 드라마의 한국 스탭이 되어 떠났다. 중국 남부 도시 혜주(후이저우)에서 진행될 촬영은 내가 좋아하는 한국 드라마 <달콤한 나의 도시>를 리메이크한 작품이었다.

당시 중국은 한국 드라마의 바람이 살랑살랑 불기 시작할 무렵이었다. 한국 스타일의 의상, 메이크업, 촬영을 선호하여 한국 스탭을 선호했다. 그렇게 중국에서 한국으로 따뜻한 미풍이 불기 시작할 때, 한국에서는 경험한 적 없는 거센 바람이 불기 시작했다. 소문처럼 떠돌던 문화예술계 블랙리스트가 그 무렵 수면 위로 떠오른 것이다.

주변의 많은 사람이 더 이상 활동을 할 수 없게 된, 암흑의 시기가 되었다. 누가 보아도 두 팔 휘휘 휘두르며 블랙리스트 맨 앞줄을 차지할 것 같은 김해인씨는 그 무시무시한 검은 바람이 불어오는 때 중국으로 떠났다. 생계는 그 무엇보다 소중했다.

하지만 블랙리스트의 검은 바람 이전에도 힘든 시간은 존재했다. MB 정권 시절, 정부는 정권의 입맛에 맞지 않는 대본을 검열했다. 2000년대에 검열이라니! 눈의 휘둥그레질 만한 이야기이지만 현실이 그랬다. 특정 성향의 문화예술인 활동을 제한했다. 가끔은 영화를 끝까지 만들기 위해 말도 안되는 코미디 영화로 바꾸어 완성하고 개봉을 했다. 그로 인해 많은 영화인이 현장을 떠나야만 했다. 이렇게 활동을 중단하거나 현장을 떠나야 했던 예술인들을 우리는 MB 난민이라 불렀다.

그러나 어떤 시대를 지나든, 김해인씨를 비롯해 수많은 영화인들은 최선을 다해 자신의 자리를 지켰다. 시대가 흔들려도 그건, 우리가 사랑한 일이기 때문이었다.

13화. 달콤한 나의 도시 episode 2.

연애 시절, 김해인씨는 운전하다가 강변북로 동부이촌동 구간 쯤에서 나에게 프로포즈를 했다.
"내가 세상의 모든 길을 다 가도록 해줄게. 같이 살자."
뻔한 말이 아니고, 빈말이 아니었다. 그래서 나는 결혼을 결심했다.
"고생 안 시킬게" "손에 물 안 묻게 해줄게", 이런 뻔한 말 따위 하는 사람이었으면, 연애도 안 했을 걸, 이야기하곤 한다. 하지만 결혼 20년 차, 가끔은 빈말과 뻔한 말이 고프다.

중국 촬영을 시작한 김해인씨 덕분에 나는 프로포즈 때의 약속처럼 대만과 홍콩 국경 남부 지역부터 내몽고까지, 비행기 환승은 기본이고, 미어터지는 버스와 무면허 택시를 타고 중국 여기저기를 찾아다니는 중국 원정대 생활을 시작하게 되었다. 그리고 첫 촬영지가 혜주였던 덕분에, 나의 첫 중국 이야기도 혜주에서 시작되었다.
혜주는 심천에서 버스를 타고 세 시간쯤 들어가는 도시였다. 심천공항보다는 홍콩과 가까워서 홍콩에서 버스를 타고 국경을 넘어 이동하는 것이 훨씬 더 빠르다고 했다. 하지만 첫 중국 여행인만큼 중국 심천 공항에 내려 시외버스를 타기로 했다.
당시 나는 지구의 절반을 돌았다고 이야기할 수 있을 만큼 혼자 배낭을 메고 여행을 많이 다녔지만, 이상하게 중국은 조금 겁이 났다. 영화나 뉴스라 만들어낸 이미지는 이렇게 무서운 거였다. 눈 뜨고 코 베일 것 같은 기분이 들었으니 말이다. 그런 기분 덕분에 중국은 늘 아이들 없이 다녀오곤 했다.

심천행 비행기를 타던 날은 심천 신공항이 오픈하는 첫날이었다. 오전 6시에 오픈한 공항에 오전 9시에 착륙했으니 신 공항을 처음 이용한 이용객 중 하나였다. 모든 것이 새로운 최첨단의 공항이었지만 신기하게 중국 냄새가 났다. 순간 피식 웃음이 새어 나왔다. 영어는 한마디도 통하지 않아 손짓 발짓, 필담까지 할 수 있는 모든 수단을 총동원해 시외버스 표를 끊었다. 앗! 그런데 내가 아는 한자를 열심히 썼지만 중국 사람들이 못 읽는 글이 너무 많았다. 한자 시험은 늘 백점을 받았기 때문에 내심 충격이었다. 알고 보니 우리가 학교에서 배운 한자와는 달리, 중국에서는 한자를 간단하게 만든 간체자를 사용하기 때문이었다. 부딪혀봐야 알 수 있는 일이었다. 내 걱정과 달리 내가 첫날 온몸으로 부딪힌 중국은 따뜻했고, 어쩐지 이름만 들으면 겁이 나는 공안들도 친절했다.

두 달 만에 혜주에서 김해인씨를 다시 만난 저녁, 길거리 노점상에서 800원짜리 국수와 칭다오 병맥주를 사 먹었다. 오랜만에 만나서 먹는 것이 노점상 국수라니. 오랜만에 만나서 먹는 것이 노점상 국수라니. 한결같은 김해인씨의 낭만에 나도 어느새 익숙해져서 웃음이 났다.

혜주는 작은 도시였지만, 전국구 드라마를 촬영한다는 소식에 흥분이 가득했다. 상점마다 <달콤한 나의 도시> 현수막이 붙어있었다. 어쩐지 이 도시가 현수막을 휘날리며 나를 환영해 주는 기분이 들었다. 그리고 걸어 다닐 때마다 최고치의 행복이 가슴에 꽉 차오르는 기분이 들었다, 그렇게 혜주는 정말 말 그대로 달콤한 나의 도시가 되었다.

통역도 부서마다, 혹은 일대일로 있어서 촬영과 생활에도 불편함이 없었다. 중국 남부에 속하는 지역적 특성으로 날씨는 따뜻하고 사람들은 느긋했다. 촬영 중 길가에 불법 주차된 차의 운전자를 찾지 못하니 창공이라고 불리는 중국의 현장 노동자들이 단체로 그 자동차를 번쩍 들어 올려 옮기는 모습을 보았다. 우와. 우와. 중국에서의 첫 촬영은 놀랄 일이 흘러 넘쳤다.

당시 혜주에는 두개의 스타벅스가 있었다. 차 문화가 발달해서인지, 커피를 살 수 있는 곳을 찾는 게 쉽지 않았다. 그래서 커피가 생각나면 스타벅스로 바로 달려가곤 했다. 스타벅스에는 커피가 그리운 외국인들로 늘 꽉 차 있었다. 혜주에 있는 외국인의 절반은 스타벅스에 있을 것 같다는 생각이 들 정도였다.

혜주에서의 마지막 날 저녁. 촬영 나간 김해인씨를 기다리며 스타벅스에서 커피를 사고 있는데 등 뒤에서 은혜야! 부르는 소리가 들렸다. 한국인을 만난 적 없는 낯선 도시에서 누군가 내 이름을 부르다니! 뒤를 돌아보니 10년 전에 마지막으로 만났던 남자 동창이 서 있었다. 결혼 후에는 서울에서 한 번 마주치지도 않았는데 혜주에서 만나다니. 김해인씨에게 문자로 남자 동창을 만났다고 이야기를 했더니 이 세상에는 꿈 같은 로맨스는 없으니 꿈깨라는 답장이 돌아왔다. 답장이야 어떻든 타지에서 십년 만에 이성동창을 만나는 것, 이거야말로 영화 같은 순간 아닌가! 혜주는 이래저래 달콤한 나의 도시였던 것이다.

대기업의 공장이 많은 혜주는 기업들이 출장으로 많이 찾는 도시였고, 친구도 출장으로 왔다고 했다. 혜주는 앞으로도 출장으로 자주 와야 하는 도시인데 친구는 이 도시가 너무 마음에 안 든다고 말하면서 불평을 늘어놓았다.

"마음을 쭈욱 펴고 돌아다녀 봐. 생각보다 훨씬 더 재미있는 도시야. 도시에 정이 붙으면 출장길도 즐거워질 거야. 회삿돈으로 여기까지 왔는데 즐거우면 얼마나 좋아."

나의 이야기를 들은 친구는 웃으며 말했다.

"무한긍정 김은혜는 여전하구나, 해인이는 좋겠네."

결혼 전에는 일주일에 두세 번은 만나 집 앞 포장마차에서 주거니 받거니 술잔을 앞에 두고 이야기를 나누던 친구였다. 그런데 십 년 만에 만나 이야기를 나누는데 어쩐지 대화 내내 앞뒤가 꽉꽉 막혀 나갈 길이 없어진 기분이 들었다. 덕분에 깨달았다. 김해인씨와 이야기를 나누면 내 마음이 어디든 갈 수 있을 것 같이 자유롭게 훨훨 날고 있는 기분이라는 것을. 아마 그건 김해인씨도 그렇겠지? 역시 좋겠어. 김해인씨는. 친구와 한참 이야기를 나누며 스타벅스를 나서며 김해인씨와 함께 살아가는 이 삶이 너무 좋아서 나도 모르게 계속 웃음이 삐져나왔다.

세상의 모든 길을 다 가자던 김해인씨의 약속 덕분에, 나는 세상 어느 도시에서도 길을 잃지 않을 것 같은 기분이 들었다. 그리고 가끔은 길을 잃고 방황을 하더라도 마음의 중심엔 늘 "함께"를 두고 살아간다면 원하는 그 곳으로 언젠가 도착할 수 있을 것 같았다.

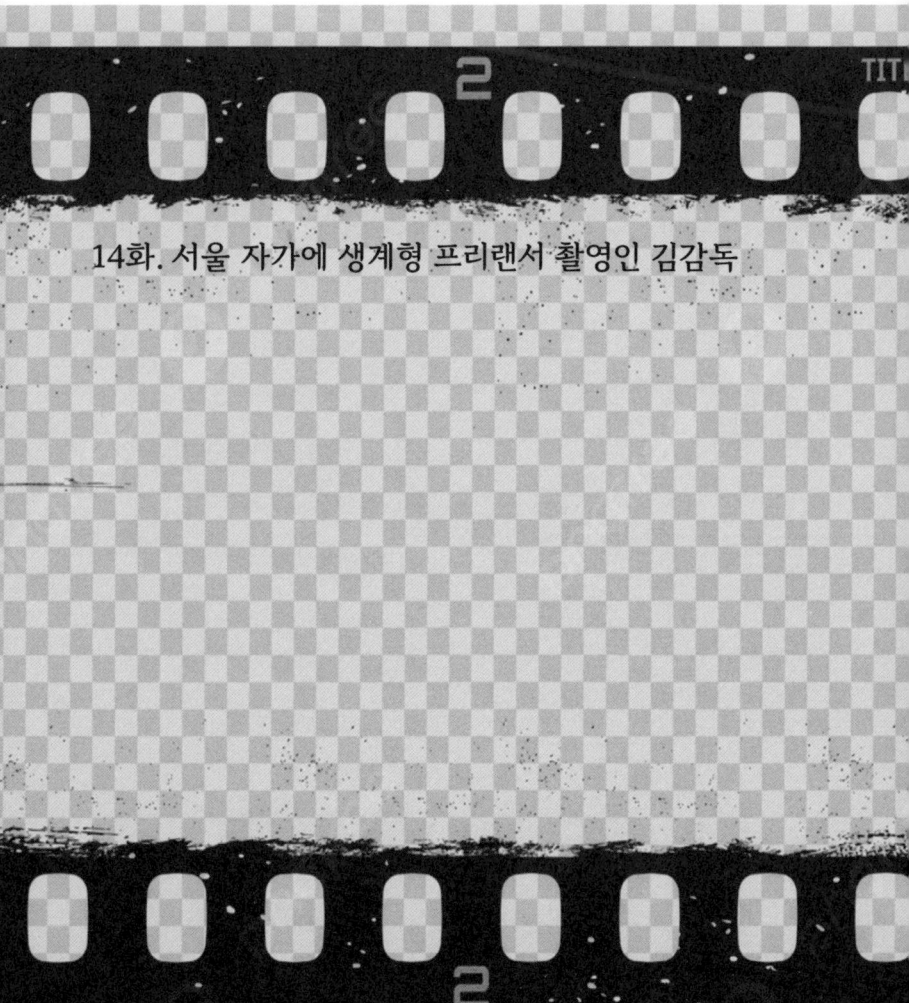

14화. 서울 자가에 생계형 프리랜서 촬영인 김감독

2006년, 스물일곱

김해인씨의 대학 졸업식에 맞춰 결혼식을 올린 우리는 봉천고개 꼭대기의 오래된 복도식 아파트에서 결혼 생활을 시작했다. 스물일곱, 아직은 예술가를 꿈꾸던 어리고 철없던 꼬마 부부에게 프리랜서 생활을 지속하기 위한 첫 번째 조건은 자가로 집을 마련하는 일이었다.

혼수, 예단 등 불필요한 예식의 과정은 대체로 생략하고 집에 집중하기로 한 것은 당시로서 흔한 일은 아니었다. 남자가 집, 여자가 혼수, 마치 이것이 당연한 결혼의 공식인 것처럼 결혼을 준비하던 시절, 할 수 있는 최선을 다해 집을 장만하기로 결심했다. 그 시절만 해도 아직은 집값이 이렇게 미친 듯 춤을 추기 전이기에 꿈을 꿔볼 수 있는 일이었다.

우리 예산 내에서 살 수 있는 집을 찾아 학생이던 김해인과 초보 방송 조연출이었던 나, 우리 두 사람은 틈만 나면 미아리부터 봉천동까지 서울의 구석구석을 돌아다니며 우리의 예산으로 살 수 있는 집을 찾아 헤매었다. 그렇게 마련한 첫 번째 집이 봉천고개 꼭대기의 작은 집이었다. 부모님들은 조금 더 나은 동네에서 전세로 시작하는 것은 어떨까 여러 번 권하셨지만, 우리에게 우리 소유의 집은 재산으로서 돈을 불린다는 개념보다는 프리랜서 부부로 유혹 없이 살아가기 위한 보호 장치였다

봉천 고개의 작은 집에 사는 동안 나의 별명은 자연스럽게 정감 넘치는 봉천 댁이 되었고 10년을 꼼짝 안 하고 그 집에 살았다. 이동의 필요성도 못 느꼈고 남들은 봉천동이다, 언덕이라 집값이 안 오른다, 이런 평가를 하든지 말든지 우리의 작은 낙원에서 행복하고 안전했다. 그 작은 집에서 첫째가 태어나고 자랐다. 그리고 결혼 십 년 만에 둘째가 태어났다.

둘째가 생기자, 그 집은 너무 좁아져서 이사를 결심했지만, 언덕 꼭대기의 우리들의 낙원은 터무니없이 싸서, 그 돈으로는 어디로도 이사를 갈 수 없었다. 하지만 결심했으니 움직여야 해! 속으로 끊임없이 파이팅을 외치며 영혼의 코딱지까지 긁어모으기 시작했다. 그렇게 우리는 방이 세 개 있는, 하루 종일 해가 잘 드는 남향의 30평대 아파트를 소유하게 되었다. 비록 일생 최초의 대출을 안기는 했지만 말이다.

여기서 잠깐.

직장이 없이 직업만 있는 영화인 김해인씨는 어떻게 대출에 성공했을까?

그때까지 대출을 한 번도 받아보지 않았던 우리는 적당한 서류를 들고 은행에 가기만 하면 당연히 대출이 될 것으로 생각했다. 난 K 은행과 오래오래 거래한 무려 VIP 고객이었고 비록 부부 공동명의이긴 하지만 대출 없는 서울의 아파트 소유주였으니 말이다. 하지만 우리의 기대와 달리 은행에 가자마자 심사도 들어가기 전에 거절당했다. 은행의 기준으로 따지자면 나는 마이너스 통장 개설도 쉽지 않은 사람이라고 했다. 이럴 수가! 우리가 이렇게 열심히 살았는데!

우리는 작지만, 엄연한 아파트 소유주이고, 지역 가입자로 엄청난 액수의 의료보험을 내고 있고, 작은 세금 한 번 밀린 적 없는 성실 납세자인데 국가에게 우리의 존재란 어떤 의미일까? 그동안 우리는 우리의 낙원에 사느라 세상의 평가를 생각해 본 적이 없었다. 하지만 사회의 기준 속에서 우리라는 존재는 너무나 초라해서 소멸되어질 위기였다. 당장 회사에 들어가 소속을 가져야 할 것 같다는 위기감이 몰려왔다.

다행히 우리는 우리의 작은 집을 담보로, 소득은 의료보험으로 증명하고 겨우겨우 대출을 받아 이사를 할 수 있었다. 새로 이사한 집은 안방 하나 정도가 은행의 소유였지만 이 전의 작은 집에 비해서 해가 너무 잘 들어서 나는 한참 동안 커튼도 블라인드도 달지 않고 햇살이 눈 부신 집에서 선글라스를 끼고 다녔다. 모두 나를 보며 웃었다.

"내가 은행과 부동산을 상대로 투쟁하여 얻어낸 것은 바로 이 햇살이거든!"

이런 기분이 들어서 쏟아지는 그 햇살을 지겹도록 누리고 싶었다.

15화. 세상에서 가장 아름다운 출근길

첫째 주희가 초등학교 4학년이 되던 봄. 우리 가족은 제주도로 떠났다.

김해인씨는 제주도를 촬영으로 자주 다니곤 했었다. 어느 해, 봄을 몽땅 제주도 촬영으로 보내고 집으로 돌아와 말했다.

"우리 제주도에 살면 어떨까?"

제주도에 살아도 김해인씨는 여전히 촬영을 위해 전국을 돌아다닐 것이다. 그러다 제주도로 돌아오면서 '아~ 홈 마이 스위트 홈'의 적당히 느슨한 감정을 느낄 것이다. 하지만 고군분투 육아를 해야 하는 것은 결국 나의 몫이라는 것을 알기에 나는 늘 애매모호하게 대답을 미루고 딴 이야기로 넘어가곤 했다. 나도 제주도를 참 사랑하긴 하지만 그런 이유로 제주에서 사는 일은 너무나 막막한 현실로 다가왔다.

어느 날, 밥을 하다가 '우리는 오늘 한 일보다 하지 않은 일로 더 많은 후회를 하게 될 것이다.'라는 생각이 문득 뒤통수를 치고 지나갔다. 그 생각이 들고 두 달 후, 우리 가족은 자동차에 자전거와 커피 머신, 냄비와 우리 집 고양이 깜콩이까지 차에 태워서 배를 타고 제주도로 떠났다. 주변의 모두에게 우리의 안식월이라고 이야기했지만, 그 당시 나는 제주로의 이주까지 단단히 생각하고 떠나는 길이었다.

완전히 떠나기 전에 한 번 살아보고 경험해 봐야 알 것 같았다.

그렇게 어제도 내일도 생각하지 않고, 매일매일 딱 오늘 하루만 생각하는 제주도 안식월이 시작되었다.

우리는 비교적 공항에서 가까운 제주 동쪽의 조천에 집을 구했다. 자전거를 타고 대문을 나서면 금세 바다에 도착하는 마당이 있는 작은 집이었다. 당시 초등학생이던 주희는 중산간으로 올라가는 동네의 초등학교에 다녔다. 우리는 아침마다 한라산을 바라보며 함께 등교를 했다. 아침마다 아이들을 자동차에 태우고 주희를 학교에 내려주고, 뒤뚱뒤뚱 뛰기 시작하는 둘째 주원이를 데리고 오름으로, 바다로 놀러 나갔다. 육아는 그대로이지만 풍경이 달라지자, 세상이 새롭게 보였다. TV도 장난감도 없이 마당이 있는 제주의 작은 집에서 아이들은 매일매일 무럭무럭 자랐다.

날이 좋으면 모두 모여 마당에 빨래를 널고, 텃밭에 바질도 심고 오일장으로 장을 보러 다녔다. 자전거를 타고 동네를 휘휘 돌아다니고, 제주도에서 나는 식재료로 밥을 지어 둘러앉아 맛있게 먹는 날들을 보내며 소박한 삶이 주는 기쁨을 맘껏 누렸다.

우리 옆집엔 주희보다 한 살 많은 친구가 살았는데, 주희는 옆집 언니와 담벼락에 매달려 이야기를 주고받는 사이가 되었다. 그리고 어느 순간 동네 아이들은 어느새 나를 삼춘이라 부르기 시작했다.

제주도에서는 어른을 남녀노소 구분 없이 삼춘이라고 부른다는 것은 책에서 읽고 알고 있었지만 내가 그리 불릴 줄은 상상도 못 했다. 여행에서 하루는 일 년과 같다고 하는데 제주에서 매일매일은 처음 경험하는 일들로 가득했다.

김해인씨는 제주에 있는 동안 긴 작품은 하지 않고 뮤직비디오나 광고와 같은 촬영 기간이 짧은 일을 했다. 우리의 조천 집 앞에서 버스를 타면 30분이면 공항에 도착했다. 촬영을 위해 집을 나와 버스를 타고 공항에서 비행기를 기다리는 순간 김해인씨는 새삼 가슴이 설렜다고 했다. 세상에서 가장 아름다운 출근길을 경험하는 기분이라고 말이다.

세상에서 가장 아름다운 출근길! 가슴에 그 기억 하나를 간직하는 것만으로도 우리의 제주 생활은 큰 의미가 있겠구나, 나는 생각을 했다. 말로만 들어도 삶을 따뜻하게 밝혀주는 등불이 하나 생긴 듯한 기분이었다.

더위가 찾아오기 시작하는 어느 아침, 김해인씨는 전화 한 통을 받았다. 영화 촬영의 C팀 촬영감독을 구하는데 오늘 바로 촬영에 합류할 수 있냐는 전화였다. 제법 규모가 큰 영화였고 드디어 기다리던 촬영 감독으로서 카메라를 잡을 기회였다.

그 당시 아직 촬영감독 입봉은 못 하고 촬영부 퍼스트였던 김해인씨는 전화를 받고 한참 고민을 했다. 그리고 그 촬영은 하지 않기로 했다. 제주도에 있기 때문에 촬영에 바로 투입되기 쉽지 않았다. 다음 비행기를 타고 바로 서울로 간다면 급하게 합류는 가능하겠지만, 준비 없이 카메라를 잡을 수 없다는 생각했던 것 같다. 아름다운 제주도. 세상에서 가장 아름다운 출근길이지만 역시 제주도에서 일을 원활하게 할 수는 없구나, 경험으로 배우며 첫 번째 입봉의 기회를 놓쳤다.

단 하루도 쉬는 날이 없다는 이야기를 들을 정도로 바쁘던 촬영부 퍼스트 김해인씨는, 그 무렵 독립을 앞둔 수줍은 신인 촬영 감독 후보가 되었다. 그리고 그 과정은 너무나 힘들고 고단했다. 그날 아침, 기회를 놓쳐서 더 힘들게 돌아간 것일까?

그 기회를 놓치고 다시 촬영감독의 기회가 오기까지, 김해인씨의 고군분투는 옆에서 보고 있기 참으로 힘이 들고 고단했다. 그 시간은 무려 3년이나 지속되었다. 우리는 그 시간을 지옥의 3년이라고 이제는 웃으며 이야기한다.

인생은 언제나 선택의 연속이다. 가보지 않은 길은 늘 궁금하고 아쉬움이 남지만, 중요한 것은 우리가 택한 길을 후회 없이 충실히 살아내는 것.

김해인씨가 그날 아침에 놓친 기회를 잡았다면 어떠했을까? 여전히 궁금하지만, 후회는 하지 않는다. 제주도에서 보낸 온전

한 가족의 시간이 우리에게 남았으니 말이다.

제주에 있는 동안 우리는 말 그대로 오늘만 생각하는 하루하루의 기쁨을 맘껏 누렸다. 건강도, 재산도, 직장도, 많은 것이 사라지기도 하고 환경에 의한 지배를 당할 수도 있지만 내 마음의 추억과 행복한 기억은 절대 사라지지 않고 내 마음의 빛으로 남는다. 특히 유년의 행복한 기억들은 살아가는 동안 우리가 길을 잃고 헤매는 순간에도 절대 꺼지지 않는 빛이 되어 앞으로 나아갈 힘이 되어준다고 믿고 있다.

우리는 지금도 다 함께 제주도에 가면 주희가 다녔던 학교를 찾아간다. 주희도 그 시절의 자신이 그립다는 듯, 학교 여기저기를 돌아보며 바위에 걸터앉아 시간을 보내기도 한다. 그 아름다운 시절을 깔깔깔 웃으며 이곳에서 마음껏 보냈던 아이의 유년 시절이 그립고도 부럽다.

제주도에서 보낸 시간은 정말 안식월이 되었다. 봄과 초여름을 제주에서 보낸 우리는 서울로 돌아오기로 마음을 먹었다. 다시 자동차에 자전거와 냄비, 커피 머신, 그리고 고양이 깜콩이를 태워 배를 타고 서울로 돌아왔다. 돌아온 곳이 있기에 우리는 맘껏 떠날 수 있다는 생각에 새삼 삶에 감사했다. 그리고 김해인 씨는 다시 중국으로 떠났고 나도 육아 10년 만에 다시 출근을 결심했다.

16화. 이제는 내가 커야 하는 시간

대학 졸업 영화로 찍은 단편으로 카메라 기자들이 뽑은 상을 받으며 졸업한 김해인씨는 열정페이 30만 원의 시절을 지나 무럭무럭 자라서 어느덧 외국물까지 먹고 B팀 촬영감독이 되었다. 하지만 그건 명백하게 김해인씨의 업적이지 절대 나의 것이 될 수 없었다. 알고는 있지만 한쪽 눈은 꼭 감고서 '내가 뒤에 버티고 있었기에 가능한 일이야.' 혼자 위안을 삼으며 애써 현실을 모른 척하고 있었다.

둘이 소꿉처럼 시작한 살림이지만, 어느새 큰 평수의 아파트로 이사를 했고, 두 아이가 태어나 우리는 네 식구가 되었다.

그리고 그 긴 시간 동안 주희 주원, 우리 집 주남매는 엄마인 나의 시간을 먹으며 무럭무럭 잘 자랐다.

모든 것이 자라고 있었다. 김해인씨도, 아이들도, 심지어 살림마저도. 나만 그대로인 것 같았다. 놀이터만 십수 년째, 이렇게 그네만 밀고 있을 때가 아니었다. 이제는 나도 커야 하는 시간이 된 것이다.

결심했으니 일단 나가자!

응. 그런데 어디로 나가지?

10년 동안 집에서 살림하고 아이를 키운 내가 당장 뛰어가 할 수 있는 일이 있을 리가 없었다. 한 가지 다행인 것은 아이들을 키우면서 내가 좋아하는 것이 생기면 공부를 하며 이런 저런 자격증들을 따 놓았다는 것이었다. 어디에서 어떻게 쓰일지는 모르지만 일단 해보자, 라는 마음으로 해 놓은 공부들을 꺼내어 쓸 시간이 온 것이다. 자격증을 쭈욱 펴고 보니 자격증만 있고 아무런 자격이 없는 나는, 경력직도 신입도 뭐든 다 애매한 사람이었다. 방송으로 돌아가고 싶었지만, 그 사이 너무 긴 시간이 흘러있었고, 무엇보다 나에겐 두 아이가 있었다.

확실한 것은 이름 석 자뿐인 김해인씨는 퇴근 시간도 휴일도 정해진 것이 하나도 없는 사람이다. 그래서 나에게 독박육아는 언제나 기본값이었다. 이러한 상황에서 나마저 방송으로 돌아가는 일은 다시 생각해도 불가능했다. 그리고 무엇보다 나는 영화나 방송을 사랑하는 것, 그 이상으로 아이들이 내 눈앞에서 자라고 있는 그 순간들을 사랑했다. 그 순간들을 놓칠 자신이 없었다. 그런 생각이 들자, 휴일도 없이 달려온 김해인씨에게 고마운 마음이 드는 한편 애잔함이 느껴졌다. 김해인씨가 놓친 아이들의 수많은 결정적인 순간들을 생각하자 가슴이 저려왔다.

이력서를 쓰기 시작했다. 친구는 이력서를 쓸 때면 저 많은 사무실 중 내가 앉을 의자가 하나 없겠어? 하는 마음으로 쓴다고 하던데 정말 내가 앉을 의자 하나가 없었다! 그런 나에게 우리 어머님이 말씀하셨다. 아이의 엄마로 살다가 다시 내 이름을 걸고 가방을 들고 문을 나서는 일은 그 자체만으로도 용기 있

일이라고.

어머님도 김해인씨를 키우며 대학원에 진학하시고 일을 시작하셨다. 이미 그 길을 경험한 어른이 내 옆에서 해주는 따뜻한 조언이기에 마음이 놓였다. 그 이야기를 듣고 나니 누군가에게는 하찮아 보이는 일이라고 해도 난 기꺼이 즐겁게 할 수 있을 마음의 준비가 되었다. 그리하여 의자도 없이, 책상도 없이, 내 가방 하나를 들고 구내의 어린이집을 돌아다니는 일을 시작했다. 본격 업무에 들어가기 전에 서울역사 박물관에서 교육을 받던 날, 내 이름과 사진이 붙은 이름표 목걸이를 목에 걸고 앉으니 마음이 쓸데없이 비장해졌다.

'난 아주 중요한 사람이라고. 그럼 그럼'

교육 중 점심시간에 정동길로 점심을 먹으러 나갔다. 십년 만에 느껴보는 직장인의 점심시간. 반짝이는 햇살이 너무나 눈 부셔서 가슴이 두근거렸다. 사회로 돌아왔다는 그 기쁨, 설렘, 행복으로 작은 가슴이 터질 것 같이 벅차올랐다.

어디에서든 꼭 일인 분을 해내는 사람이 되어야지, 마음속으로 주먹을 꼭 쥐었다.

그날의 점심은 어머님이 사주셨다. 붐비는 직장인들의 점심시간에 끼어앉아 먹은 부대찌개는 오래오래 기억할 순간이다.

나는 매일 옷을 반듯하게 다려 입고, 내가 제일 좋아하는 구두와 양말을 신고 집을 나섰다. 내 마음가짐을 표현하는 나의 방식이었다.

솔직히 월급이 들어오면 마음이 흔들리는 날도 있었다. 김해인씨의 벌이에 비하면 내 월급은 너무나 초라했던 것. 하지만 난 내가 번 돈으로 아이들과 놀러 가고 엄마를 만나 멋진 곳에서 밥도 사줄 수 있는 나의 일터가 너무나도 소중했다.

그렇게 시간이 흐르고, 나도 센터로 출근을 할 수 있게 되었다. 비록 시간제 계약직이었지만 매일 같은 곳으로 출근하는 모든 아침이 꿈처럼 행복했다. 정말 다시 사회에서 내 이름을 찾게 된 것이다.

그 무렵, 김해인씨의 일은 최고조로 바빴다. 꾸준히 중국을 오갔고 한국에 오더라도 쉴 틈 없이 바빴다.

덕분에 나는 출근을 하고, 아직은 꼬맹이인 두 아이 육아를 하며, 가끔은 김해인씨를 픽업하러 공항으로 뛰어나갔다. 그 시절의 나는 늘 뛰어다녔다.

일인분의 몫을 하며 살겠다는 나의 각오가 우습게 나는 오인분쯤의 몫을 하며 사는 기분이 들었다. 어린이집에 다니던 둘째 주원이는 나에게 맨날 뛰어다니는 타조 같다고 이야기했다.

작은 일이지만 사회로 다시 나오자, 내가 하고 싶은 일이 꼬리를 물고 나를 찾아오는 기분이 들었다. 어느 날 퇴근길에 대학교 현수막에 걸린 신입생 모집 요강을 우연히 발견하고, 갑자기 가슴속에서 둥둥둥 북소리가 들리는 것 같았다. 내가 갈증을 느끼고 고민하던 것을 해결할 방법을 찾았다는 생각이 들었다. 그래서 다시 공부를 시작하고 그 뒤로는 불판 위를 뛰는 타조처럼 뛰어다녔다.

머리는 복잡하고 몸은 피곤했지만, 마음은 참 개운했던 날들이었다. 돌아보면 딱 그 시간이 내 인생 가장 감사한 시간이 아니었을까 생각이 든다. 김해인씨의 일은 순조로웠고, 아이는 잘 자랐으며, 평생 열심히 일해온 부모님들은 건강하셨다. 그리고 나는 나의 하루하루가 만족스러웠다.

의자와 책상도 없이 돌아다니며 일을 하던 나는, 첫 월급이 입금되는 날 백화점으로 달려갔다. 그리고 제일 먼저 나이키 매장에서 김해인씨를 위해 신상 조던 농구화를 구입했다. 우리는 결혼 후 한 번도 신발을 정식 매장에서 산 적 없이 늘 아울렛에서 적당히 사이즈 맞춰서 사서 신었다. 그 모습이 내 눈에는 어쩐지 늘 안스러워 보였다.

'자, 자기도 이제 반짝이는 최신상 조던을 신는 사람이 되어 보라고!'

이런 마음으로 신발을 사 주었는데 김해인씨는 이런저런 핑계를 대며 신발을 신지 않고 신발장에 넣어두었다.

그렇게 신발장에 넣어 놓고 쳐다보기만 일년. 그 모습이 내 눈에는 마치 굴비 매달아 놓고 밥 한 입 먹고 굴비 한 번 쳐다보는 자린고비 같아 보였다. 일 년이 지나고 김해인씨는 드디어 그 신발을 신기 시작했다.

"이러면 아울렛에서 일년 지난 상품 사는 거랑 다를 바가 없잖아! "

나는 몇 번이나 김해인씨를 놀렸다. 그 뒤로 우리는 나이키 매장은 다시 간 일이 없이 다시 아울렛으로 가서 신발을 산다. 자린고비 김해인씨는 일생 최초이자 최후가 된 신상 조던 운동화를 아직도 신발장에 넣어 놓고 쳐다보며 가끔씩 꺼내어 신고 있다. 우리는 그렇게, 마음도 물건도 서랍 안에 곱게 넣어두고 아끼며 찬찬히 꺼내고 싶어하는 그런 성격을 가진 사람들일지 모른다는 생각이 든다. 그래서 이제는 제법 낡은 그 운동화를 신은 김해인씨를 보면 뭉클해지곤 한다.

17화. 하얼빈의 겨울

제주도에 다녀와서도 김해인씨는 끊임없이 중국으로 촬영을 떠났다. 김해인씨가 상하이, 광저우, 베이징, 푸저우, 바우터우, 하이난 등 처음 듣는 도시로 촬영을 다니는 동안 나는 매일 아침 일어나면 씻고, 아이들을 등교시키고, 좋아하는 양말을 신고 뛰어나와 일을 하고, 저녁이 되면 밥을 하고, 매일 똑같은 일상을 보냈다. 그런 나의 하루의 커다란 기쁨은 김해인씨가 중국 구석구석에서 보내주는 사진들이었다. 중국이 바로 옆 나라이긴 하지만 땅덩어리가 무척 커서 중국 안에서 이동 거리가 상상도 못 할 정도로 길어지기도 했고 도시마다 삶의 풍경도 너무 달랐다.

내가 서울에서 복닥거리며 사는 동안 김해인씨는 난생처음 들어보는 곳을 마음껏 돌아다니며 일을 했다. 본인은 가끔 그 삶이 고단했겠지만, 지켜보는 입장에서는 그래도 참 좋은 직업이네! 생각이 들며 상당히 부러워지곤 했다.

김해인씨는 결국 중국 드라마로 촬영감독 입봉을 했다. 당시 중국에서 엄청난 인기를 자랑하던 엑소의 멤버가 주연인 드라마였다. 그 당시 촬영 현장 사진 하나를 내SNS에 올렸다가 수많은 엑소 팬들의 메시지를 받았던, 귀여운 에피소드도 잊을 수 없다.

어느 해, 김해인씨는 한겨울 하얼빈으로 촬영을 떠났다.

연 평균 기온 4도인, 봄에도 추운 하얼빈에 한겨울 촬영이라니! 아울렛들을 돌아다니며 구할 수 있는 따뜻한 옷은 다 구했다. 노스페이스 히말라야 잠바, 내복, 신발... 그 당시 나는 김해인씨를 마치 남극 대륙 신항로라도 개척하러 보내는 그런 비장한 기분이 들었다. 마치 다시는 못 볼 것 같은 기분이었다고 해야 하나... 가지 말라고 오백번도 더 징징거리며 붙잡았다. 그리고 처음으로 공항에서 엉엉 울었다.

내 예감이 맞았다. 한겨울의 하얼빈은 혹독했다.

한겨울의 송화강은(하얼빈의 강) 꽁꽁 얼면 얼음 깊이가 2m는 된다고 한다. 꽁꽁 얼어붙은 송화강 위를 걷는 사진을 보냈을 때, 사람이 살얼음위를 걷는다는 것이 이런 것이라는 생각이 들었다. 살얼음위를 걷는 남자와 사는 나 또한 마음이 늘 살얼음판 위에 있는 것처럼 조마조마했다. 꽁꽁 얼어붙은 강 위에서 자동차 추격 장면을 찍던 날, 많은 동료들이 동상에 걸렸다. 결국 동상으로 조기 귀국하는 동료들도 있었다.

도시락을 먹으려 뚜껑을 열자마자 밥이 꽁꽁 얼어 붙어서 얼음밥을 먹었고, 눈썹에는 늘 얼음이 송골송골 맺혀있었다. 그 시간은 김해인씨는 촬영보다는 생존이라고 한마디로 이야기한다. 하지만 비교적 추위에 강하고 환경에 잘 적응하는 김해인씨는 힘들지만 잘 이겨 나갔다.

어느 날 아침, 한참 촬영 중일 시간에 전화가 왔다.

아침에 일어났더니 한쪽 눈이 안 보여서 통역사와 함께 병원에 갈 준비 중이라고 했다. 당장 한국으로 돌아오라고 이야기했지만, 김해인씨는 별일 아니라고 병원에 다녀와서 다시 전화하겠다면서 전화를 끊었다.

전화를 끊고 나서도 마음은 쉽사리 진정되지 않고 점점 더 불안해져 갔다. 나는 당장 하얼빈으로 달려가려고 비행기표를 알아봤지만, 중국 비자가 나오는 시간이 있기 때문에 바로 달려갈 수도 없이 발만 동동 구르며 전화를 기다렸다. 당장 내가 할 수 있는 일은 아무것도 없었다. 하지만 생각보다 애태운 시간은 잠시, 만약 실명을 하더라도 내가 너의 눈이 되어 앞으로의 시간을 씩씩하게 살면 되는 거지, 말도 안 되는 기운과 용기가 발꼬락 끝에서부터 솟아 올랐다. 불안과 두려움을 이겨내기 위해 내 안의 모든 용기를 모았다. 그 마음이 가짜 용기였든, 허세였든 내가 할 수 있는 일은 그 뿐이었다. 내 기운을 느꼈는지 김해인씨도 잘 이겨내며 빠르게 다시 힘을 냈다.

김해인씨는 중국에서 병원에 다니며 촬영을 계속 이어갔다. 서서히 시력은 돌아왔지만 지금도 눈이 아파, 눈이 피곤해, 이런 이야기를 하면 난 하얼빈에서의 날이 떠올라 가슴이 철렁 내려앉는다.

하얼빈 촬영을 힘겹게 끝내고 김해인씨는 세상에서 추위를 가장 많이 타는 사람이 되어서 돌아왔다. 가끔 하얼빈 맥주를 사다가 마시며 하얼빈에서 있었던 이야기를 나누곤 한다. 시간이 지나면 큰 일도 이렇게 가볍게 나눌 수 있다니, 시간을 함께 보내며 마음을 나누는 일은 대단한 일이라는 생각이 든다.

18화. 안녕, 중국

한참 방송일을 열심히 하던 시절, 부산 국제 영화제 아시아 영화 프로그래서 김지석 선생님과 함께 일할 기회가 있었다. 선생님께서는 아시아 각국 영화감독들의 근황을 모두 알고 계셨는데, 영화감독들은 작업에 들어가면 김지석 선생님께 촬영 소식을 인사처럼 전하곤 했다. 일 년의 절반은 아시아 각국 영화 촬영 현장을 찾아다니실 정도로 열정과 애정이 남다른 분이셨다.
그 당시 나는 아시아 영화에 관한 다큐멘터리를 만들고 있었다. 지아장커의 수줍은 지성미에 반해 친필 사인을 보물처럼 간직하고, 태국의 천재 감독 아핏차퐁의 인터뷰를 앞두고는 떨려서 잠을 못 잤다.
우리 엄마는 그 시절 나는 매일매일 반짝반짝 빛이 났다고 이야기했다. 잠을 못 자고, 미용실을 못 가도 늘 예뻐 보였다고 했다. 지금은 마치 꿈속의 꿈처럼 아득하게 느껴지는 시절이지만 말이다.
그 시절 내가 좋아하던 감독 중 한 명이 바로 왕 샤오슈아이 감독이었다. 우리나라에는 '북경 자전거'로 유명한 왕감독은 사회 비판적 영화를 꾸준히 찍으며 중국 영화 사무국의 블랙리스트 명단에 단단히 올라있었다. 그럼에도 꾸준히 세계 영화제에 자신의 영화를 소개하며 작품을 이어가고 있었다.
김해인씨가 그런 왕 샤오슈아이 감독의 시나리오를 받게 되었다.

그 무렵 김해인씨의 중국 촬영은 한한령으로 자연스럽게 줄어들고 있었고, 이제는 한국에서작업에 집중해야겠다는 결심을 하던 때였다.

십수 년전, 내가 다큐멘터리를 찍으며 인연이 있던 왕 샤오슈아이 감독과 김해인씨. 두 사람은 여전히 그 길을 꾸준히 걸어, 적당한 시절에 한 곳에서 만나게 된 것이다. 한 사람의 인간으로 김해인씨 몹시 부러웠다. 그리고 한 사람의 사회적 성장을 옆에서 지켜본 그 시간이 경이롭게 느껴졌다. 집에서는 맨날 술 마시고 코 곤다고, 핸드폰 게임 좀 그만하라고 나한테 잔소리 들으며 쭈굴쭈굴 눈치 보며 살지만, 밖에 나가면 완전히 다른 한 명의 멋진 촬영인이었던 것이다.

시나리오를 받자마자, 오히려 김해인씨보다 내가 더 감격하며 단숨에 시나리오를 읽어 내려갔다. 중국어와 한국어로 번갈아 쓰인 시나리오는 글의 힘이 느껴져서 읽으면서 가슴이 뜨거워지는 기분이었다. 거장의 이름은 그냥 얻는 것이 아니었다.

시나리오를 받고 김해인씨는 자신의 중국 촬영의 좋은 마무리를 할 수 있을 만한 작업이라고 즐겁게 촬영 준비를 시작했다. 나는 그 모든 과정을 옆에서 지켜보며, 생각지도 못한 큰 선물을 받은 기분이 들어 가슴이 두근거렸다. 그리고 흔들림 없이 자신의 길을 걸어간 사람들에게 진심으로 박수와 응원을 보내는 마음으로 김해인씨의 마지막 중국 출국길을 배웅해 줄 수 있었다.

김해인씨의 마지막 중국행은 그렇게 왕 샤오슈아이 감독의 영화가 되었다. 촬영 기간도 길었고 중국 동서남북, 사방팔방 횡단을 하며 촬영했다.

촬영 기간에 나도 두 번 중국에 다녀왔다. 매번 김해인씨를 방문하는 일은 즐거웠지만 이번 촬영은 특히 설레고 신났다. 시나리오를 읽으며 상상했던 장면들이 눈앞에 툭툭 튀어나와 걸음을 걸을 때마다 짜릿했다. 내 옆의 주인공 배우가 내가 상상한 딱 그 느낌으로 앉아 커피를 마시는 모습을 보고 너무 좋아 웃음을 감출 수가 없었다.

도시를 이동하며 촬영할 때에는, 꼬박 차를 타고 목적지까지 2박 3일을 달려야 했다. 중국이란 나라가 얼마나 큰가! 새삼 실감이 났다. 새로운 도시에 도착하면 짐을 내리는 모습 또한 장관이었다. 세탁기, 냉장고 등, 거의 이삿짐이 연상될 정도의 살림살이가 오고 갔다. 김해인씨는 사비를 털어 비행기로 이동하며 체력과 시간을 비축했다.

그 당시 김해인씨의 중국 촬영부에는 한국에서 영화 유학을 하고 돌아온 중국인 친구가 늘 함께 했었다. 불같은 성격의 김해인씨와는 달리 그 친구는 늘 온화하고 잘 웃었다. 난 그런 온화한 친구가 김해인씨의 옆에 있다는 사실에 늘 마음이 놓이고 감사했다.

내가 촬영장에 방문하면, 생활 재편 주임님은 매일 아침 잊지 않고 내 도시락까지 챙겨 방으로 올려 주셨다. 내가 '감사합니다' 인사를 하면 '영광입니다' 유쾌한 대답이 돌아왔다.

처음 중국에 올 때만 해도 위경련이 날 정도로 긴장했지만, 어느 순간, 적당히 투박하고 씩씩하다 못해 거칠게 느껴지는 다정한 사람들에게 정이 잔뜩 들기 시작했다.

내몽골에서 촬영할 때였다. 내가 있는 동안 한파가 찾아와 갑자기 기온이 영하 20도까지 뚝 떨어졌다. 새벽 다섯 시, 촬영 준비를 하던 김해인씨는 문 앞에 걸린 거울을 보며 혼잣말을 했다.

"앞으로 더 추워질 테니 이 정도 추위에는 쫄지 말자!"

혼자 중얼거리는 김해인씨를 보자니, 하얼빈에서 매일매일 자신과 싸우며 치열하게 일을 해왔을 그 시간이 느껴져 가슴이 찡해져서 슬며시 안아 주었다. 김해인씨는 내가 옆에 있으니, 마음이 편안하고 느긋해져서 웃으며 일할 수 있을 것 같다고 이야기해 주었다. 내몽골에서의 시간은 그래서인지 무척 추웠지만 따뜻하게 기억된다.

영화는 한국 촬영팀, 영국에서 온 특수 분장팀, 일본에서 온 후반 작업팀으로 다국적 스태프들이 모여서 완성되었다. 전 세계에서 감독의 이름만으로 모여 함께 작업을 해낸다는 것이 너무 멋져서, 그 팀의 일원으로 함께하는 김해인씨가 대단해 보였다. 이 영화는 우리나라에서는 전주 영화제에서 공개되었고, 베를린 영화제에서 흔치 않게 남, 여 주연상을 모두 받았다.

스물여섯 살, 프로포즈하며 "세상의 모든 길을 갈 수 있도록 해줄게." 말했던 김해인씨. 그 약속처럼 난생처음 들어보는 낯선 도시들로 나를 데려다 놓곤 했던 김해인씨의 중국 시절은 이 작품을 마지막으로 끝이 났다.

19화. 아빠의 즐거운 생활

중국 시절을 끝내고 한국에서 자신의 자리를 찾기란 생각보다 훨씬 더 많은 시간과 인내가 필요했다. 김해인씨의 중국 경력은 한국에서는 인정해 주는 경력이 아니었고, 박근혜 정부의 블랙리스트라는 어두운 터널을 묵묵히 지나온 자들에게 기회는 먼저 찾아왔다.

김해인씨는 그게 당연한 순서라면서 차분한 듯 초조하게 자신의 때를 기다렸다. 그리고 그 기회는 뜻밖에 드라마에서 먼저 찾아왔고 일 년 동안 세 편의 드라마를 찍게 되는, 거의 불가능에 가까운 일정을 소화하는 일 년을 보내게 되었다.

소위 잘나가는 유명한 촬영 감독의 B 촬영팀이 된 김해인씨의 소식을 전화로 듣고, 나는 너무 신이 나서 물개박수를 치며 좋아했지만 정작 본인은 촬영하는 동안 무척 힘들었다고 고백하듯 말했다. 그 기분은 마치 우등생 사이에 낀 열등생과 같은 기분이라고 해야하나? 누구보다 당당했던 김해인씨에게 그런 면이 있었다니 놀라우면서도 그 마음을 이겨내며 최선을 다해가는 모습이 대견하기도 했다.

그해 김해인씨는 내가 너무나 좋아하는 배우 박보검과 송혜교가 나오는 드라마 '남자 친구'를 찍게 되었다.

박보검과 송혜교라니!

촬영은 김해인씨가 하는데 내가 설레어서 잠이 안 올 지경이었다. 대본 앞에 인쇄된 '김해인 촬영 감독님' 글자가 너무 좋아서 보기만 해도 방실방실 웃음이 나왔다.

기다리던 첫 방송의 날, 김해인씨의 이름이 화면에 나오는 순간 심장이 쪼그라드는 기분이 들면서 손발이 차갑고 긴장이 되었다. 이십 년 동안, 이 기분은 익숙해지지 않고 한결같다. 그래서 나는 언제나 김해인씨가 찍는 드라마 첫 방송이나 영화를 볼 때는 혼자서 본다. 나의 이 기분을 아무에게도 들키지 않고 마음껏 느끼고 싶어서랄까. 드라마는 큰 사랑을 받으며 연일 화제가 되었다. 무엇보다 부모님들이 너무 좋아하셔서, 촬영감독이라는 직업을 가지고 살며 한 번쯤은 효도했다는 기분에 어쩐지 어깨가 으쓱한 기분이 들었다. 바로바로 돌아오는 피드백이 드라마의 가장 큰 즐거움이라는 생각을 하며 화제가 된 드라마를 직접 찍는 기쁨을 맘껏 누렸다.

김해인씨는 촬영을 마치고 집으로 돌아와, 아무리 피곤하더라도 그날의 방송을 나와 함께 보았다. 그리고 언제나 내 이야기에 귀기울여 주었다. 현장에서 세대의 카메라가 돌아가도 나는 김해인씨의 컷을 바로 찾을 수 있었다. 당연하게도 나에게는 그 컷들이 가장 익숙하고 좋았다.

신경을 곤두세우고 촬영하던 날들이어서 난 김해인씨가 자신을 너그럽게 대하기를 바라며 함께 열심히 드라마를 돌려보며 많은 이야기를 나눴다. 그리고 드라마가 끝나자마자 가장 인상 깊었던 바닷가의 작은 카페를 찾아 여행을 떠났다. 잔잔하고 단단한 겨울 바다는 김해인씨가 열심히 달려온 지난 계절을 다독여 주는 기분이 들었다.

드라마 남자 친구 촬영을 끝낸 김해인씨는 바로 드라마 '이몽' 촬영에 합류했다. 백 프로 사전제작이던 이몽은 방송 시작 전에 촬영이 끝났고, 우리는 이몽의 촬영 흔적이 그대로 남아있는 촬영지로 가족 여행을 떠났다. 순천 세트장과 곡성 기차마을 구석구석 김해인씨의 촬영 이야기를 들으며 돌아다니니 아이들이 특히나 신이 나서 즐거워했다. 덩달아 아빠 김해인씨의 어깨에도 잔뜩 힘이 들어갔다. 주희는 여행의 끝에 김해인씨에게 이런 이야기를 했다.

"아빠는 참 재미있게 살고 있는 것 같아요."

딸에게 재미있는 삶을 사는 아빠라는 이야기를 듣다니.

이만하면 정말 성공한 삶 아닌가!

늘 그림을 열심히 그리던 주희가 언젠가는 자연스레 방송이나 영화를 하겠다고 말하는 날이 오겠구나, 생각했다.

숨 가쁘게 일 년 동안 세 편의 드라마를 찍으며 태어나서 가장 바쁜 일 년을 마치고 집으로 돌아온 김해인씨는 조용히 내게 이야기했다.

"살아남기 위해 달렸던 지난 시즌과는 달리 이제는 정말 잘하고 싶어. 도와줘."
"그럼! 이미 넌 잘하고 있어!"
힘이되는 말을 해주는 것.
맛있는 밥을 차려 함께 먹는 것.
너의 이름이 나오는 드라마와 영화를 보는 것.
나는 이렇게 내가 할 수 있는 일들을 해 나가며 나의 방식으로 김해인씨를 늘 응원한다.

20화. 주희의 영화

고등학교 시절 짤막한 영화 소개 글들을 보면서 그 영화의 내용을 상상하는 일은 나의 작은 취미였다. 내가 일생 볼 기회가 없을 것 같은 그 영화들을 상상하면 책상 앞에 앉아서도 마음은 저 멀리 어딘가를 떠다니며 여행하는 기분이 들었다.

어느 순간, 나의 큰 아이 주희가 그러기 시작했다.

영화제 카탈로그를 구해 읽고, 상상하고, 보고 싶은 영화의 목록을 만들기 시작했다. 꼭 나의 고등학교 시절을 보는 것 같았다.

주희는 어릴 때부터 심심하면 동생을 데리고 짧은 영화를 찍으며 노는 아이였다. 동생과 둘이 방에 앉아서 깔깔 웃으며 찍은 영상을 처음 들고 왔을 때, 나와 김해인씨는 깜짝 놀랐다. 태어나 처음으로, 이십 분 만에, 동생을 데리고 찍었다는 그 짧은 영화는 컷의 연결과 화면 전환이 놀랍도록 자연스러웠다. 내가 대학에 입학해서 한 학기 수업을 들으며 배운 것을 주희는 이미 본능적으로 알고 있었다. 타고난 것이든, 어깨너머 배운 것이든.

그런 주희를 키우며 김해인씨에게는 아빠로서의 큰 꿈 하나가 있었다. 주희가 중학생이 되었을 때, 아이돌 배우가 잔뜩 나오는 드라마를 촬영하며 주희 친구들을 현장에 초대하는 것. 그 이야기를 듣고 "그럼 그 때는 내가 주희와 친구들을 차 앞뒤에 태워서 데리고 간식사서 놀러 갈게" 이야기하며 꿈을 꾸었다. 하지만 주희는 이제 곧 성인이 되고 그 꿈은 이루지 못한 꿈으로 곱게 접어두어야했다.

하지만 아빠로서, 그리고 영화인으로서 김해인씨는 주희에게 뜻밖의 큰 선물을 할 기회가 찾아왔다. 몇 해 전, 김해인 씨가 촬영한 영화가 부산 국제 영화제에 초청된 것이다.

영화제에 놀러간 주희는 cinematography라고 쓰인 김해인씨의 아이디 카드를 목에 걸고 자랑스럽게 영화제를 돌아다녔다. 비록 아빠로서의 꿈은 이루지 못했지만, 아빠를 자랑스러워하는 사춘기 딸을 김해인씨는 무척 뿌듯해했다. 그 마음은 내가 주는 응원의 힘과는 분명 달랐다. 그래서일까. 김해인씨 어깨 힘이 단단하게 들어가는 모습이 눈에 보였다. 나는 그런 아빠와 딸을 바라보며 진심으로 행복했다.

그해 부산 국제영화제에서 주희는 하루 종일 영화를 보았다.

보통 영화제에서 하루를 꼬박 쓰면 하루에 4편 정도의 영화를 볼 수 있다. 하루에 4편의 영화를 보려면 밥 먹을 시간 없이 상영관 사이를 달려야 한다. 그 일은 생각보다 감정적으로, 체력적으로 힘이 드는 일이다. 주희는 그런 시간을 무척 즐겼다. 마치 이십 대의 나를 보는 것 같았다.

그리고 아빠가 찍은 영화 속, 아빠의 이름이 단독으로 올라가

크레딧을 자랑스럽게 바라보았다. 그 순간, 주희의 눈이 반짝반짝 빛났다. 그 이름 세 글자를 올리기 위해 아빠가 뛰어온 시간을 이해하는 그 눈빛. 그런 아빠가 자랑스럽다고 사춘기 주희는 눈빛으로 이야기했다.

영화가 끝나고 GV 시간에 주희는 손을 들고 질문을 했다. 놀랍게도, 그 질문들은 내가 대학생이 되어서야 비로소 생각해보았던 것들이었다. 나는 몇 번이나 놀랐다.

곰곰이 생각해보면 김해인씨와 내가 떠드는 이야기의 대부분이 영화와 드라마 이야기이니 당연한 결과이기도 했다. 아이들은 어깨너머 이토록 많은 것을 배우며 세상을 만난다. 나는 정신이 번쩍 들었다. 주희의 질문에 김해인씨 역시 촬영을 대충 하면 큰일 나겠네, 정신이 번쩍 들었다고 했다. 아이는 이렇게 우리를 끊임없이 자라도록 했다. 그리고 그게 힘이 되었다.

영화제는 축제이지만, 그 안에서 상영되는 한 편 한 편의 영화들은 수많은 사람들의 수고와 노력으로 힘겹게 만들어진다. 그 모습을 늘 옆에서 보고 자란 주희는 축제의 고단한 뒷면 또한 함께 읽을 줄 알았다.

영화를 좋아하고 만드는 엄마와 아빠를 보고 자란 주희는, 세상을 영화를 통해 만나는 아이로 자라났다. 주희는 어느 시절에는 영화감독이 되고 싶었다가, 영화 분장 혹은 의상을 담당

하는 사람이 되고 싶기도 했다. 그리고 지금은 그림을 그린다.
영화가 왜 좋냐고 주희에게 물었더니 영화는 화려하고 돋보여서 좋다는 대답이 돌아왔다. 너무 솔직한 주희의 대답이 나는 너무 좋았다.
"그럼 그럼. 영화는 힘들지만 화려하고, 만드는 과정이 고되지만 결과는 언제나 빛나지."
그런 주희가 이제 곧 성인이다.
영화 보여줘, 핫도그 사줘, 이런 말들로 나를 조를 날들이 얼마 남지 않았다는 생각이 드니 뭔가 마음이 몽글몽글해졌다.
그림을 그리는 주희는 프리랜서 부모를 보고 자란 덕에 당연하게 프리랜서의 삶을 꿈꾼다.
꿈이란 하늘에서 뚝 떨어지는 것이 아니다.
내가 아는 것을 토양삼아 꿈을 심고 키운다.
하지만 과연 부모로써 그 선택을 마냥 응원할 수 있을까? 잠시 고민이 되었다. 자유로워 보이는 삶의 방식 뒤엔 내가 직접 책임져야 하는 무게가 존재한다. 그리고 가끔 그 무게가 너무나 무겁게 느껴지는 날도 있을 것이다. 그럼에도 불구하고, 나는 주희가 선택하는 모든 길을 따뜻하게 응원하고 싶다. 그 길은 평탄하지 않겠지만 한걸음씩 따박따박 걸어가며 자신의 길을 만들어갈 힘이 있는 아이임을 나는 알고 있으니까.

주희의 걸음걸음 항상 따뜻한 빛이 가득하길.

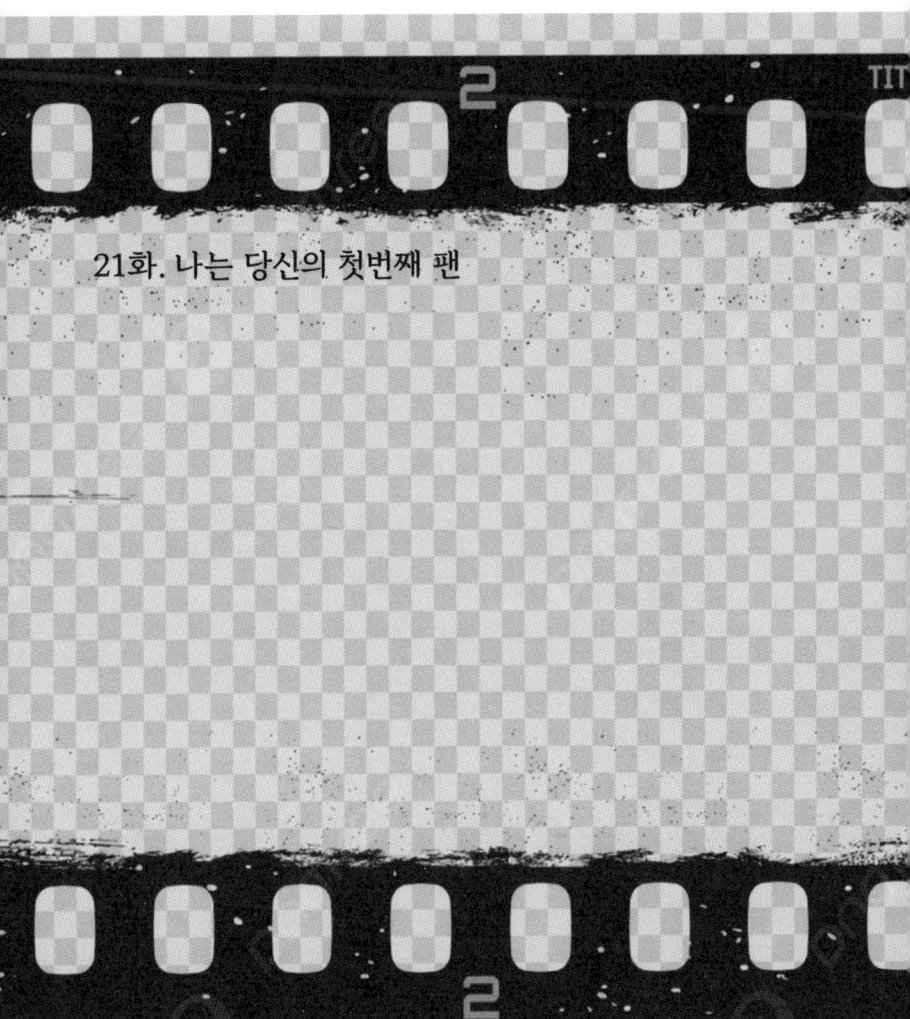

21화. 나는 당신의 첫번째 팬

드라마 촬영을 한참 하던 시절, 김해인씨는 모 방송국 드라마국 차장님과 함께 촬영을 할 기회가 있었다. 촬영이 끝날 때가 되니 그분께서 김해인씨에게 경력직으로 방송국에 입사 시험을 보는건 어떤가? 제안하셨다. 직장에 들어간다는 계획을 단 한 번도 세우며 살지 않고 살던 김해인씨에게는 뜻밖의 제안이었고, 나에게는 이런 삶도 또 있지 않을까, 새로운 미래에 대한 가능성을 생각해 볼 기회였다.

방송국에 들어간다면 작품 한 편의 촬영을 끝낸 후의 기나긴 휴식 시간은 사라질 것이다. 하지만 규칙적으로 출퇴근을 하면서 맞춰진 날짜에 휴가를 떠날 수 있을 것이다. 그리고 매달 같은 날짜에 정기적인 수입이 있다면 적금도 넣을 수 있고 감당이 가능한 한도의 대출도 두렵지 않게 받을 수 있다. 그리고 미리 정해진 휴가 날짜에 맞추어 몇 달 전에 여행지를 정하고 저렴한 표를 찾아 비행기표나 숙소도 예매할 수 있을 것이다. 대부분의 직장인이 벗어나고 싶어 하는 일명 틀에 박힌 생활이, 나에게는 꼭 살아보고 싶은 이상적인 삶이라는 생각이 들기 시작했다.

삶은 지금보다는 조금 단조로워질 수 있겠지만, 안정적인 수입으로 조금은 마음 편한 일상을 누릴 수 있을 것 같다는 생각에 나는 김해인씨 몰래 혼자 설렜다.

김해인씨는 방송국 경력직 시험에 필요한 시험과 서류들을 준비하기 시작했다. 그러던 어느날, 방송국 홈페이지에 올라온 방송국 신입 사원 지원 서류를 보고 재미 삼아 칸을 채워 나가기 시작했다. 그런데 이름을 벗어나니 첫 칸부터 쓸 수 있는 것이 없었다.

나는 맨날 김해인씨에게 이름 석 자를 빼면 확실한 것이 없다고 우스갯 소리로 이야기했는데 정말 그랬다. 학위가 거창하지도 않았고 자격증이나 토익 점수도 없었다. 흔히 말하는 스펙이라는 것이 하나도 없었다.

자신의 분야에서 이십 년. 자기 일을 좋아하며 몰두하면서 열심히 살아온 이십 년은 결코 짧지 않은 시간이다. 긴 시간 꾸준히 크고 작은 성과를 내며 걸어왔다고 생각했는데 서류 한 장에 지금까지 삶을 잘못 살아온 것인가 자괴감이 밀려온다고 했다. 내가 좋아하는 일이 나를 너그럽게 봐주지 않았구나, 배신감마저 느껴진다고 했다. 경력직 김해인씨는 봐줄 만한 사람이지만 신입사원 김해인씨는 서류상으로 이 사회에 발을 비빌 곳조차 안 보였다.

하루는 내가 현실적인 이야기를 늘어놓았더니 김해인씨는 그동안 자신이 버텨내며 여기까지 온 과정을 가장 잘 아는 사람이 어떻게 그렇게 이야기를 할 수 있냐며 무척이나 힘들어하며 서운해했다. 조언보다는 따뜻한 격려와 응원이 필요한 때였는데 내가 그걸 놓쳤구나! 아차 싶었다.

그 뒤로 나는 김해인씨의 일에는 무조건 잘 해냈어, 대단해, 훌륭해, 끊임없이 말해주며 김해인씨의 편이 되어준다. 세상에 무조건 내 편 하나쯤은 있다는 것에 든든함을 느껴 주길 바라며.

고민의 시간이 지나갔고 김해인씨는 결국 방송국에 서류를 내지 않았다. 이제는 생활이나 경제적으로나 안정적이고 싶다, 생각하던 나는 내심 속으로 실망했지만 역시 김해인씨다운 결정을 했다는 것을 인정할 수밖에 없었다.

자신이 직접 지은 이름으로 살고 있는 김해인씨는 여전히 매 순간 자신이 선택하는 길은 뒤도 안 돌아보고 가고 있다.

그리고 나는 지금도 이런 김해인씨의 첫 번째 팬으로 살고 있다.

22화. 우울증

사실 생각보다 많은 감독이나 촬영, 조명 감독들은 공황장애나 우울감을 가지고 살고 있다. 언제나 남 앞에 결과물을 내놓고 얼굴 모르는 사람들에게 끊임없이 평가를 받아야 하는 직업이라 어지간한 배짱이 아니고는 잠을 제대로 못 자는 그런 일을 하고 있는 것이다.

드라마는 실시간으로 피드백을 받는 일이라 시청률이 안 나오거나 평이 안 좋은 날에는 내 가슴이 다 쪼그라들 지경이고 가족들에게 방송을 보라고 이야기해야 하나, 하지 말아야 하나, 고민이 되기도 한다. 그러니 본인들은 얼마나 긴장이 되고 살얼음판일까. 김해인씨는 그런 이유로 후배들에게 꼭 해주는 이야기가 있다고 한다.

촬영 감독의 첫 번째 무기는 실력보다 뻔뻔함이다.

이십 년 동안 김해인씨를 옆에서 관찰하니 그 말이 정말 맞다. 스무 살, 대학에 다니던 시절부터 이미 현장에서 일을 하고 있던 25년 차 베테랑 촬영인 김해인씨는 옆에서 보고 있으면 돌덩어리 같은 사람이다. 비록 괴팍하고 다정함이란 없는 성격이지만, 돌덩이 같은 사람이기에, 그러한 무거운 마음으로 현장을 20년 넘게 지켜올 수 있었을 것이다. 그 모습을 보고 있자면 직업인으로서 깨끗한 존경심이 들곤 한다. 하지만 가끔은 어떠한 일이 있어도 끄떡없을 것 같은 단단한 돌덩어리도 흔들리고 금이 가고 깨어지기도 한다. 김해인씨도 예외는 아니었다.

몇 해 전 봄. 김해인씨와 오랜 시간을 알고 지낸 동료가 세상을 떠났다. 따뜻하고 화창한 어느 오전, 우리는 환하고 포근한 집에서 노닥거리며 농담을 주고받다가 부고 전화를 받았다. 나는 그 순간, 단단하게 발을 딛고 서 있는 한 명의 인간이 일순간 무너지는 모습을 눈앞에서 보았다. 마치 진공 상태 같던 그 순간의 공기, 그 표정, 몸짓. 한 사람이 일생 쌓아 올린 세상이 순식간에 무너져 내리는 공포. 그날 이후, 김해인씨는 나날이 흔들리고 깨지기 시작했다. 당연히 촬영도 하지 못했다. 앞으로, 다시는 촬영장으로 돌아갈 수 있을 것 같지 않았다.

좋은 봄날, 난 돌아가신 분과 남은 가족의 슬픔을 애도할 틈도 없이 내 옆의 김해인씨를 지켜야한다고 생각하면서 내 중심을 잡는 데 집중했다. 자다가도 김해인씨가 살아있는지 확인해야 했고, 갑자기 사라져 버린 김해인씨를 찾으러 꼬맹이 손을 잡고 동네를 하염없이 돌아다니기도 했다. 가끔 그 우울은 폭력으로 나타났고 때로는 엉엉 울면서 아이의 모습으로 나타나기도 했다. 그날 이후, 우리 집은 매일 금이 가고 무너져 내리며 위태로워지기 시작했다. 어느 밤에는 그만 살고 싶다고 주방에 쪼그리고앉아 우는 김해인씨를 안고 등을 토닥여주었다.

"의미 따위 찾지 말고, 우리 그냥 살자."

그 순간, 나는 우리 엄마가 나를 그냥 사랑했듯이 김해인씨를 그냥 사랑하기로 마음먹었다.

거기에 더해서 그 무렵 우리 집 첫째 주희의 사춘기가 정점을 찍었다. 누구에게나 사춘기는 혹독하지만, 주희의 사춘기는 내가 경험해 본 적 없는 종류의 것이었다. 학교를 뛰쳐나가기도 하고, 맨발로 집을 나선 채 어딘가를 내달리기도 했다. 폭발할 것 같은 작은 가슴을 꼭 움켜지고 맨발로 정처 없이 뛰어가는 아이의 작은 등은 생각만해도 가슴이 철렁 내려앉았다.

빅뱅보다 더 엄청난 폭발을 하는 사춘기 주희와 자신의 세상을 잃어버리고 모든 것을 암흑으로 빨아 당기는 블랙홀 김해인씨, 그리고 이 모든 상황에서도 안전하게 자라나야 하는 나의 작은 우주 막내 주원이. 그 모두의 사이에서 나는 중심을 잡고 정신을 바짝 차려야 했다. 이제 나는 앞으로 다시는 혼자 제주도는 못 가겠구나, 모두 무사히 잠든 밤이면 그 걱정에 한숨이 푹 나왔다.

주먹을 꼭 쥔 채 늘 긴 창을 휘두르며 살아온 김해인씨는 본인의 우울증을 인정하지 못해서 병원의 도움도 받을 수 없었고, 그렇다고 언제 끝날지 모르는 이 우울한 세계를 그냥 두고 볼 수도 없었다. 김해인씨를 다시 우울의 방 밖으로 꺼내려면 내가 그 세계로 들어가 손을 잡고 함께 나오는 것만이 유일한 방법이라는 생각이 들었다. 그날부터 나는 열심히 밥을 하기 시작했다. 마음이 힘들고 소중한 것을 잃었을 때 우리가 가장 먼저 잃어버리는 것은 밥맛과 삶에 대한 의욕이다. 그리고 그것이 빠져나간 자리에 절망감과 우울감이 꽉 차오른다. 나는 절망과 우울이 가슴을 다 채우기 전에 따뜻한 밥으로 온기를 되찾도록 해주고 싶었다. 밥을 하고 함께 먹었다.

내가 일을 하고 돌아와도 방 한구석에서 아무것도 하지 않고 시커멓게 앉아 있는 김해인씨를 보고 있으면 가슴이 쿵 내려앉았다. 김해인씨를 방에서 데리고 밖으로 나가 함께 동네를 걷고 커피를 마셨다. 나란히 앉아서 김해인씨가 그동안 찍은 영화를 보고 드라마를 보며 이야기를 나누었다. 내가 좋아하는 훌라 수업도 다니지 않고 일할 때를 빼고는 김해인씨 옆에서 끊임없이 떠들며 함께 걷고 또 걸었다.

봄과 여름이 지나고 가을바람이 불기 시작했을 때, 김해인씨는 다시 촬영할 수 있을 것 같다고 이야기했다. 그 마음의 상처가 다 아물었는지 나는 알 수 없었다. 하지만 다시 밖으로 나가는 김해인씨를 보며 마음속으로 만세를 불렀다.

'마침내 제주도에 혼자 갈 수 있다!'

어떤 일은 시간이 지나면 농담처럼 웃으며 이야기하기도 하지만

만 그 시간의 이야기는 잘 꺼내지 않는다. 그 시간은 여전히 상처처럼 남아서 아물지 않았다는 뜻일 것이다.
최근에 김해인씨가 고백하듯 말했다. 만약 나와 결혼하지 않았더라면 결혼하지 않고 술 마시다가 죽었거나, 다른 사람과 결혼했다면 이혼하고 술 마시다 죽었을 것 같다고 말이다.
'내가 그때 얼마나 힘들었는지, 이제 그 마음을 들여다봐 줄 수 있을 만큼 마음이 편안해졌구나. 기특하네.'
흐뭇함이 밀려와 빙그레 웃으며 궁둥이를 토닥여주었다.

이십 대에는 오십 대의 삶을 상상할 수 없었듯이, 막 결혼했을 때는 결혼 이십 년 후의 모습을 상상해 본 적이 없었다. 동화책의 마지막처럼 '두 사람은 영원히 행복하게 잘 살았답니다.'에서 마침표를 찍고 그다음이 궁금하지도 않았다. 그 시간은 너무나 먼 우주 저 밖의 이야기인 것 같았다.
그리고 지금, 우주 밖의 시간과도 같은 결혼 이십 년차가 된 우리. 숫자가 특별히 무엇이 중요한가 싶다가도 우리는 마침내, 이제야 진짜 가족이 되어가고 있다는 생각이 든다. 자, 이제 내 갱년기가 코 앞으로 다가왔으니 모두 기대하라고!

23화. 일 년에 한 번 수안보

우리 가족은 가장 추운 1월쯤, 일 년에 한 번 수안보로 온천 여행을 떠난다.
산속의 조용한 수안보 파크 호텔의 노천 온천탕에서 살이 퉁퉁 불을 때까지 온천을 즐긴다. 그리고 마을로 내려가 다슬기 해장국을 따뜻하게 먹고, 방에 돌아와 뜨끈한 온돌방에서 잠을 잔다. 이튿날 아침, 온천을 하고 돌아오는 일은 우리 가족의 새해 루틴으로 자리 잡고 있다.
작년에는 온천탕에 앉아 있는데, 눈이 펑펑 쏟아져서, 겨울 노천 온천의 낭만까지 제대로 즐기고 돌아왔다. 온천하고 밥 먹고, 방에서 과자 먹는 일 말고는 아무런 할 일 없는 수안보를 아이들은 너무나 좋아한다. 다른 온천으로 가볼까, 이야기해도 아이들의 성화에 새해에는 늘 수안보 여행이다. 그 낡고 오래된 호텔에도 사실 김해인씨의 흔적이 남아 있다. 난 아마 김해인씨와 헤어진다면 전국 어디를 가도 김해인씨의 흔적이 마구 뿌려져 있어서 아주 난처할 것 같다는 생각을 가끔씩 한다. 그러니 쭉 잘 사는 수밖에.
몇 해 전, 김해인씨는 영화배우 정진영 아저씨의 감독 데뷔작인 영화 '사라진 시간' 촬영을 위해 수안보에서 가을을 통째로 보냈다. 김해인씨는 이미 촬영감독으로 데뷔를 한 이후였지만 잘 아는 촬영 감독님의 제안으로 영화의 포커스를 담당했다. 포커

(포커스 풀러)는 촬영부 중에서 카메라의 초점을 맞추는 일을 전문적으로 담당하고 있다.

촬영 감독 입봉 후에도 종종 포커스를 위해 촬영을 나가곤 하던 김해인씨는 그 영화가 끝날 무렵에는 이제는 포커스에서 완전히 손을 떼야겠다 느꼈다고 했다. 한때는 충무로 세 손가락에 들 자신이 있다고 큰소리를 칠 만큼의 포커스 실력을 갖추고 있었지만, 시간이 지나고 업무가 달라지니 그 전의 능력은 자연 퇴화하여 버린 것이다. 한 번 몸에 익힌 능력은 쉽게 사라지지 않을 줄 알았는데 말이다. 이것은 진화인가, 퇴회인가 나 혼자 골똘히 생각해 보았다.

그 해 좋은 계절을 모두 투자해서 찍은 영화는 그다지 평이 좋지 않았다. 언제나 노력이 최선의 결과를 가져오는 것은 아니라는 것을 아는 나이가 되었고, 작품이 혹평을 받는다고 마음이 쭈그러드는 성격이 아니라 다행이라는 생각이 들었다. 하지만 조금이라도 좋지 않은 평을 들을 때면, 내 마음은 여전히 쪼글쪼글해진다. 모든 작품이 다 사랑받길 바라는 마음이 드는 것이다.

너무 재미난 것은 지금도 촬영지였던 수안보 파크 호텔에 가면 호텔 구석구석 영화의 포스터가 붙어있다는 것이다. 일 년에 한 번씩 호텔에 가면, 나는 꼭 포스터가 붙은 자리에 가서 혼자 사진을 찍고 웃는다. 제발 오래오래 붙어있어 주길!

사라진 시간 이전에는 수안보 하면 와이키키 브라더스가 가장 먼저 떠올랐다. 지금은 문을 닫은 수안보의 와이키키 관광호텔에서 공연하는 밴드 이야기로, 꿈과 현실을 담아 많은 사람들에게 사랑을 받았던 영화이다. 지금은 대배우가 된 배우 황정민과 배우 류승완의 초기작으로, 김해인씨의 초기작이기도 하다.
2001년 대학 영화과에서 김해인씨를 처음 만났을 때 김해인씨는 이미 프로의 세계에서 활동하는 사람이었다. 그게 한없이 부럽던 학생 시절, 김해인씨는 와이키키 브라더스의 조명부였다. 군대도 가지 않은 어린 조명부 막내 김해인씨는 당시 호텔의 전구를 모두 영화에 필요한 톤으로 싹 바꾸는 일부터 했다는 일화를 들려주었다. 와! 듣기만 해도 힘들다. 호텔의 조명 전구를 모두 바꾸는 일을 했다니!
언제나 그랬다. 조명부는 제일 먼저 현장에서 일을 시작해 제일 마지막까지 현장에서 정리를 해야 한다. 그래서 조명부로 일할 때는 촬영 시간보다 일찍 현장에 도착했고, 집에는 예상 시간보다 늘 늦게 들어왔다. 김해인씨가 조명부를 그만두고 촬영부일을 시작했을 때, 마음이 어찌나 편안하던지 잠을 자자면서도 웃음이 나왔다.

세상에 드러나는 작업을 오래 하다 보면 어떤 결과물은 자랑스럽게 이야기하고 싶어지고 어떤 작품을 살짝 숨겨두고 싶어진다. 미안하게도 사라진 시간은 살짝 뒤에 감춰두고 싶다면, 와이키키 브라더스는 오래된 영화이지만 마구마구 자랑하고 싶어지는 어깨가 으쓱해지는 작품이다. 지극히 개인적인 의견이니 관계자분들 모두 상처받지 않으시길.

와이키키 호텔은 더 이상 영업을 하지 않지만, 여전히 수안보 어디에서나 보이는 자리에 우뚝 솟아있다. 쓸쓸하게 버려졌지만, 한때는 내가 여기 왕이었다, 말하는 듯한 특유의 당당함이 있다.

수안보에 갈 때면 일부러 와이키키 호텔 앞을 지난다. 그러면 늘, 열정과 힘이 넘치던 스무 살의 김해인씨가 떠오른다. 그 시절, 어린 김해인씨는 호텔 천장에 매달려 조명뿐 아니라 자신의 미래를 하나하나 켜가고 있었구나, 이런 생각이 들면 웃음이 방그레 흘러 나온다.

24화. 영화와 계엄령

고등학생 주희는 독서실에서 시험공부 중이었고, 꼬맹이와 나는 이른 저녁 잠자리에 들었다. 그리고, 김해인씨는 집에서 유튜브를 보며 일상의 시간을 보내던 너무나 평범했던 2024년 12월 3일 화요일 밤. 국가에 비상 계엄령이 선포되었다.
국회와 가까운 우리 집 바로 위로 헬기가 시끄럽게 날아다녔다. 헬기 소리에 잠에서 깬 나는 무슨 일인가 싶어 뉴스를 켰다. 그리고 계엄령이라는 현실감 없는 이야기에 처음에는 무슨 말도 안 되는 소리야, 웃다가 다음 순간 공포가 밀려왔다.
'무슨 상황이지? 지금 뭘 해야 하는 거지?'
멍하게 한참을 서 있던 나와는 달리, 김해인씨는 계엄령 이야기를 듣자마자 겉옷을 챙겨 입고 자전거를 타고 바로 국회로 뛰어나갔다.
"지금 말고 아침에 가면 안 돼? 군대와 어떤 충돌이 생길지 아무도 모르잖아."
겁에 질린 나는 소심하게 김해인씨의 팔을 붙잡았다. 하지만 18살 주희는 오히려 단호했다.
"아빠의 행동을 막으면 안 된다고 생각해요."
그렇게 김해인씨는 국회로 향했고 남겨진 우리는 낯선 공포에 휩싸였다. 영화와 소설을 보고 읽으며 학습한 계엄령이 현실이 되자, 표현할 수 없는 두려움이 밀려왔다. 주희도 불안해했다.

'계엄령을 막지 못하면 어떡하지? 아빠가 삼청교육대 같은 곳으로 끌려가 버리면 어쩌지?'

아무것도 모를 것 같은 아이들에게도 계엄령은 분명한 공포였다. 세 번의 대통령 탄핵안을 보았고, 한 번의 탄핵을 경험하는 동안, 수없이 많은 집회에 아이들 손을 잡고 거기로 나섰다. 그리고 정의로운 사회가 되기를 기도하며 빛을 밝혔다. (그리고 책을 마무리하는 시점인 2025년 5월, 두 번의 탄핵을 경험하게 되었다) 그 시간을 지나며 나는 사회가 점점 옳은 방향으로 나아간다고 믿고 있었다. 그래서 계엄령과 같은 말은, 지나간 역사 속에만 존재하는 이야기라고 생각했다. 이제는 역사로 사라져 영화와 소설에서나 볼 수 있는 그런 이야기라고 말이다. 그런데 계엄령을 내가 살아서 경험하게 될 줄이야!

국회로 달려 나간 김해인씨를 기다리며 차분히 생각해 보았다.

계엄령이 내려진 국가에서 문화 예술인은 무엇을 할 수 있을까. 영화는 만들 수 있는 걸까? 아니면 정권의 입맛에 맞도록 난도질당한 영화를 만들어야 하는 걸까? 혹은 드디어 김해인씨도 영화인이라는 직업을 내려놓고, 그 예전 MB 난민처럼 어디어디로든 떠나야 하는 걸까?

눈으로는 국회 상황을 보여주는 뉴스를 보며 머릿속으로는 혼자 앞서 나가는 생각을 따라잡는 동안 시간은 더디게 흘러갔다.

다행히 시민들의 노력 덕분에 계엄령은 빠른 시간 안에 해제되었다. 김해인씨는 계엄령 해제와 함께 곧장 집으로 돌아왔다. 국회 뒷 마당에 헬기가 착륙하는 모습을 목격한 김해인씨는 그날 이후, 대통령 탄핵안이 가결되는 순간까지 김해인씨는 귀에서 헬기 소리가 사라지지 않는다고 했다.

나에게 계엄령이라는 단어는 광주, 그리고 영화 화려한 휴가와 함께 묶여 있다. 이십 대의 나는 광주 민주화 운동과 계엄령을 이제는 책 속에나 존재하는 역사라고 생각하고 살았다. 지금 생각하면 철없고 무지하기 짝이 없는 청춘이었다. 하지만 영화 화려한 휴가를 본 이후, 내가 너무 중요한 사실을 모르고 있다는 사실에 가슴이 아팠다. 그 안에 사람이 있었다는 것. 그리고 그들은 여전히 살아가고 있다는 것.

결국 모든 일이 그저 글자로 존재하는 사건이 아닌 사람의 일이었다는 것을 그제야 깨달았다. 영화를 본 이후 내 안에서는 질문들이 생겨나기 시작했다. 그리고 영화나 소설, 모든 종류의 창작물을 만드는 사람에게는 너무나 무거운 책임이 있다는 것을 영화 화려한 휴가를 보면서 다시금 생각했다.

그리고 2012년, 강풀의 웹툰을 원작으로 만든 영화 26년을 기억한다. 1980년, 광주 민주화 운동 희생자의 가족들이 전두환을 암살하기 위해 모인다는 내용의 영화 26년은, 대기업의 투자 철회로 무기한 중단되었다. 하지만 시민들과 가수 이승환의 후원으로 표류 4년 만에 촬영이 시작되었다. 영화 스태프들은 십시일반 현장으로 달려가 손을 모아 영화의 완성에 힘을 보탰다. 누군가는 정치색이라고 표현했지만, 나는 그 순간들이 정의와 진실에 관해 이야기하는 일이라고 느껴졌다. 나는 진심으로 영화의 완성이 보고 싶었다.

40여 명의 뮤지션의 재능 기부로 영화의 주제곡이 완성되었고, 수많은 시민 투자자의 이름이 엔딩크레딧을 가득 채웠다. 긴 시간을 기다렸던 영화 26년은 시민 투자자의 이름이 담긴 긴 크레딧으로 오래도록 내 마음을 울렸다.

영화란, 문화란, 이런 힘을 가지고 있지. 어쩐지 어깨가 으쓱해지며 열심히 영화를 촬영하는 김해인씨가 대견하게 느껴져서 머리를 쓰다듬어 주었다.

영화는, 종이 위에 글자로만 존재하는 역사의 많은 사건들을 입체적으로 펼쳐서 나를 그 앞에 데려다 놓았다. 그리고 그 안에서 수많은 경험과 질문을 시작한 나는 이미 영화를 보기 전의 나와는 다른 사람이 되어 새로운 세상에 도착해 있는 기분이 든다.

그러고 보면 많은 것을 영화에 기대어 사는 삶이다. 문득 **영화가 고맙다**, 생각이 들었다. 그리고 끊임없이 쏟아지는 뉴스들을 보면서 다짐했다.

'기억해야 하는 것은 무겁고 차분하게 기억하며 나이 들어가야지. 꼭 그렇게 살아야지.'

26화. 김해인과 퀴어영화

2021년 가을 김해인 씨에게는 지상파 드라마와 독립영화, 동시에 두 가지 일이 들어왔다.

늘 선택은 어려운 문제인데 드라마는 돈이 남지만, 영화는 이름이 남는 그런 느낌이 든달까? 게다가 이번에는 특별히 더 고민이 되는 이유가 있었다. 제안받은 영화가 퀴어 영화였기 때문이다. 퀴어영화는 나에게는 아무런 문제가 아니었지만, 당시의 김해인 씨에게는 결코 가볍지 않은 문제였다.

대학에 입학했을 때 한 선배가 동성연애자나 트랜스젠더에 대해 어떻게 생각하는가, 나에게 질문을 한 적이 있었다. 나는 솔직히 그 질문 자체가 이상하게 느껴졌다. 나는 늘, 우리가 한 명 한 명, 자연스럽게 관계를 맺으며 살아가는 사람 일뿐, 그 이상에 대해 생각해 본 적이 없었기 때문이었다. 자유로운 영혼을 가진 아빠와 무조건적으로 나에게 사랑을 주는 엄마의 영향을 받고 자라서일까. 나의 세상에서는 대부분의 일이 가능했고 괜찮았다.

하지만 김해인씨는 나와는 달랐다. 성소수자에 대해 배척하고 부정하지는 않았지만, 자신의 삶과는 거리를 두고 살아가고 싶어 했다. 굳이 말하자면, 관심을 피한 채 선을 긋고 있었다고 말할 수 있을 것 같다.

그런 김해인 씨가 퀴어 영화를 선택했다. 세상에나! 퀴어 영화는 그 유명한 브로큰백 마운틴, 해피 투게더조차 보지 않았던 사람이 말이다.

촬영을 결정하기 전, 과연 자신이 이 영화를 촬영해도 괜찮은 것인가, 적극적으로 이 문제에 대해 이야기하고 생각하는 동안 김해인 씨는 조금씩 변하기 시작했다. 고민 끝에 촬영을 결정하고 첫 미팅을 나가던 날 김해인 씨는 약간 긴장을 했다. 주연 배우를 만났을 때, 생각과는 달리 자연스럽지 않으면 어쩌나, 내심 걱정을 하는 눈치였다. 내가 아는 김해인 씨는 도무지 긴장이라는 것이 없는 인간이었다. 하지만 김해인씨가 이제는 얼마든지 자신의 세상 안에서 모두와 함께 해나가겠다는 적극적인 변화의 표시를 보내온 것이라고 나는 느껴졌다. 이렇게 또 한 시대가 가고 새로운 시대가 오는구나, 내 가슴에 무지개가 커다랗게 떠오르는 기분이 들었다.

김해인 씨가 퀴어 영화를 찍는 시대가 오다니! 이 과정을 '김해인과 퀴어 영화'라는 단편 영화로 만들면 참 재미있겠구나, 생각하며 김해인 씨의 하루하루를 지켜보았다. 그리고 배우들을 만나고 촬영이 진행되어 갈수록 **누구나 나 자신으로 살아가고 있을 뿐**, 그 이상 중요한 것은 없다, 이야기하기 시작했다. 변하지 않을 것 같은 것들도 이렇게 조금씩 변한다. 그렇게 영화 공작새로 김해인 씨는 많은 것들의 전환점을 맞이했다.

영진위의 지원작이었던 공작새는 저예산 독립영화였다. 김해인 씨의 임금도 적었고 당연히 장비 예산도 넉넉하지 않았다. 하지만 김해인 씨는 시나리오를 읽고 감독과 이야기를 나눌수록 점점 이 영화를 잘 찍고 싶다는 욕심을 내기 시작했다. 그래서 본인이 일을 하며 맺은 인맥을 총동원했다. 덕분에 예산보다 훨씬 좋은 카메라를 사용할 수 있게 되었고, 꼭 찍고 싶은 크레인 샷을 위해 본인의 임금 500만 원을 포기하고 크레인을 불렀다.

영화 관상에서 배우 이정재는 배경음악을 위해 출연료 5000만 원을 포기했다고 전해진다. 영화란 그렇게 만들어지는 것! 이라며 김해인 씨는 500만 원을 포기하며 나에게 잔뜩 목소리에 힘이 들어가 자랑했다.

"그 장면, 정말 멋지게 잘 나올 것 같아!"

500만 원은 적은 돈은 결코 아니었다. 하지만 김해인 씨의 목소리를 들으니 얼마든지 포기할 가치가 있다는 생각에 나도 어쩐지 웃음이 나왔다. 적은 예산을 손에 쥐고 장비를 대여하고, 사람을 모으는 과정을 옆에서 지켜보며 김해인 씨가 촬영 현장에서 땀을 흘리며 보낸 지난 시간은 결코 그냥 흘러간 시간은 아니었구나, 마음 깊은 곳에서 존경심 같은 것이 새어 나오기 시작했다.

그때부터였다. 김해인 씨에게 직업인으로서 깨끗한 존경심 같은 것을 가지기 시작한 것이.

26화. Who We Are!

공작새는 2022년 부산 국제 영화제 오늘의 비전에 초청되었다. 영화제 개막식에서 영화 공작새의 주연배우와 감독이 함께 레드카펫을 영화 걸었다. 실제 왁킹 댄서인 주인공의 레드카펫 에티튜드는 화려하면서도 멋졌다. 걸음걸음이 당당해서 보는 순간 압도당하는 기분이 들었다. 저토록 당당하게 걷기 위하여 매 순간 얼마나 최선을 다해 살아왔을까, 가슴이 뭉클해지는 순간이었다.

우리 가족은 영화제 상영 날짜에 맞추어 부산으로 향했다. 공작새가 영화제에서 최초 공개되던 날, 상영관이던 영화 진흥 위원회 앞에 선 김해인씨는 평소와는 달리 무척이나 설레 보였다. 학교를 졸업하며 언젠가 반드시 부산 국제 영화제에 직접 찍은 영화 한 편 걸고 싶다고 이야기했는데 그 꿈을 이십 년 만에 이루어 낸 것이다.

"촬영 감독, 김해인"

상영에 앞서 김해인씨가 호명되어 일어나서 인사를 하는데 그 모습이 너무 멋져서 내 남편이지만 내가 반할 지경이었다. 원하는 것을 이뤄낸 사람의 당당함이었다. 예술 대학을 졸업했지만, 예술보다는 늘 생계형 프리랜서 촬영인으로 살아온 김해인씨는 맘껏 자신의 예술 세계를 자화자찬하며 그 시간을 즐겼다. 그리고 상영이 끝나자마자 나와 아이들은 부산에 두고 늦은 밤, 다시 서울로 돌아가 촬영 중이던 드라마 촬영장으로 빠른 복귀를 했다. 예술의 즐거움은 그렇게 잠시. 생계란 언제나 무겁고 고단한 현실이다.

가끔은 김해인씨가 결혼하지 않고 살았더라면 어떨까, 생각을 해보곤 한다. 지금보다 훨씬 가볍게 자신이 원하는 작업을 하며 살아갈 수 있었을까, 결혼과 가정이 생계의 무게를 너무 무겁게 더한 건 아닐까, 이런 생각이 들기 시작하면 내 가슴에 무거운 돌덩어리가 하나 올라간 기분이 들어 목구멍이 퍽퍽해진다.

영화 공작새는 부산 국제 영화제에서 왓챠 상을 받았다. 내심 촬영 감독 협회에서 주는 촬영상을 기대했던 나는 솔직히 발표 직후 아쉬워 눈물이 날 것 같았다. 하지만 촬영에 대한 좋은 평들이 많아서 나는 가슴 꼭꼭 다 기억해 두고 싶어 심사평과 관객들의 이야기를 읽고 또 읽었다. 지난해 봄, 우울증을 겪으며 바닥을 친 김해인씨의 자존감이 회복되며 꽁꽁 묶여버린 날개가 조금씩 펴지는 것을 옆에서 지켜볼 수 있었다.

공작새는 부산 국제 영화제를 시작으로 날개를 펴고 전 세계 영화제를 돌아다니기 시작했다. 미국과 유럽의 크고 작은 도시들을 비롯해 브라질, 방글라데시, 캄보디아등... 잘 만들어진 영화 한 편이 나도 가 보지 못한 세계 구석구석을 돌고 도는 여정이 너무 멋졌다. 영화제 초청 소식을 들을 때마다 마치 내가 그

곳에 가 있는 것 마냥 설렜다.

그렇게 2년을 전 세계를 돌아 2024년 가을 한국 개봉을 앞두고 용산 CGV에서 기자 간담회 겸 가족 시사회가 열렸다. 나와 주희는 이미 부산에서 보았지만, 아직 어린 꼬맹이 주원이가 과연 이 영화를 어떻게 볼 것인가 우리는 무척 궁금했다. 두 시간을 집중해서 본 주원이는 크레딧이 올라가는 순간 일어나 손뼉을 치며 100점!!! 을 외쳤다. 아빠가 과연 이 영화를 당당하게 내어놓을 수 있는가, 그리고 크레딧에서 아빠의 이름을 찾기 쉬운가가 자신의 기준이라고 했다. 관객들 앞에서 아빠는 무척이나 당당했으며, 아빠의 이름은 무척 보기 좋았기 때문에 이 영화는 100점, 자신에게는 최고의 영화라고 이야기했다.

김해인씨, 좋겠어.

아들에게 100점을 받다니!

관객 수는 기대에 못 미쳤지만 적은 예산으로 한 명 한 명의 최선이 한 곳에서 만나 폭발했던 영화 공작새. 늘 생계를 위해 촬영을 해오던 김해인씨가 자신의 꿈을 위해 카메라를 들었구나, 느껴져서 보는 내내 내 가슴을 찡하게 울렸던 영화.

Who WE Are!

영화 주제곡 제목과 같이 자신을 증명하고 싶었던 사람들이 만

들어낸, 내 생애 최고의 영화로 한동안은 기억될 것 같다.
한국 영화 오늘이 비전 섹션에 공작새가 초대되었다는 이야기를 처음 들었을 때, 김해인씨는 농담처럼 이야기했다.
"내가 과연 오늘이 맞을까, 나는 이제 서서히 어제가 되어가고 있는 건아닐까. 하지만 진정한 오늘들과의 작업은 진심으로 기쁘고, 영광이었어"
우리가 언제나 오늘이라면 참 좋겠지만 서서히 어제가 되어갈 것이고 새로운 오늘들이 또 힘을 내줄 것이라고 생각하니 어쩐지 가슴이 벅차오르는 기분이 든다.
힘내자.
어제와 오늘, 그리고 다가올 내일도!

29화. 아리ARRI에 소개되다.

부산에서 공작새가 공개된 지 1년 후, 김해인씨에게는 뜻밖의 연락이 왔다. 세계 최대 영화 장비 제조사, 독일 아리(ARRI) 본사에서 서면 인터뷰 요청이 들어온 것이다. 아리는 100년이 넘는 역사를 가진 독일의 세계 최대 영화 장비 제조사로, 현재 영화 촬영 현장에서 카메라와 조명 관련 장비는 아리 제품이 가장 널리 사용되고 있다. 아바타, 듄, 기생충 등. 우리가 아는 많은 영화가 바로 아리의 카메라로 촬영했다. 그런 아리에서 인터뷰 요청이 들어왔다는 것은 전 세계의 수많은 영화인들에게 김해인씨가 소개된다는 것을 의미했다.

영화 공작새를 찍을 때, 독립영화의 특성상 모든 예산이 생각보다 충분하지 않았다. 그래서 아리카메라를 렌탈하기에는 무리가 있었던 것이 사실이다. 하지만 김해인씨는 그동안 쌓아온 인맥을 최대한 동원하고 자신의 임금은 줄였다. 덕분에 아리에서 나오는 카메라로 원하는 촬영을 할 수 있었다. 인터뷰 요청이 들어왔을 때 난 너무 설레어서 들뜬 마음에 그 자리에서 방방 뛰었다.

6월은 전 세계에서 성소수자의 권리와 다양성을 기념하고 지지하는 <프라이드 먼스 pride month>이다. 무지개 깃발이 도시 곳곳을 수놓고, 거리 행진과 문화 행사들이 이어진다.

아리는 6월 프라이드 먼스를 맞아, 전 세계 LGBT 영화를 촬영한 촬영 감독들의 인터뷰를 기획했고 아시아에서는 김해인 씨가 선정되었다. 인터뷰 요청을 받고 김해인씨는 무리를 해서라도 아리카메라를 사용하기 잘했다며 좋아했다. 감정을 잘 드러내지 않는 김해인씨가 좋아하는 모습을 보일 정도이니 꽤 많이 설렜다는 의미였다. 흥분된 첫 감정이 사라지고 다음 순간, 나는 남몰래 걱정이 밀려왔다.
'나에게 영어 번역을 부탁하면 어쩌지!'
나는 런던에서 한참을 살았지만, 그 뒤로 이십 년이란 세월이 흘렀고 아줌마스럽게 조잘조잘 영어로 수다는 떨 수 있어도 인터뷰 번역이란 무리였다! 하지만 아이들은 엄마가 영어를 꽤 잘하는 줄 알고 있을 텐데 번역은 못 한다는 것을 알고 나면 무척 부끄러워질 것 같았다.
'질문지를 받기 전에 남몰래 번역 속성 과정이라도 배우고 와야 하나, 아니면 잘나가는 번역기를 몰래 알아볼까?'
이런 고민을 슬며시 하고 있었는데 역시 내 마음을 꿰뚫어 보는 김해인씨는 다행히 나에게 번역을 부탁하지 않았다.
6월이 왔고 아리의 인스타는 PRIDE MONTH를 맞이해 일곱 빛깔 무지개 빛으로 바뀌었다. 그리고 마침내 김해인씨의 사진과 인터뷰가 아리의 공식 인스타에 올라왔다. 아리 아시아에 올라올 것이라고 예상했는데 내 예상을 깨고 독일 본사의 계정에 소개되었다. 김해인씨가 세계 영화인들에게 소개되는 꿈 같은 날이 온 것이다. 김해인씨가 촬영한 영화와 인터뷰를 영국이나 프랑스의 영화감독이 인상깊게 보고 "함께 작업합시다!"제안이 들어오면 신나서 어쩌지? 그럼 나도 김해인씨 덕분에 유럽의 영화 촬영 현장에 방문할 기회가 생기는 걸까? 상상만 해도 즐겁고 설렜다. 마치 당장이라도 김해인씨가 숨겨둔 커다란 날개를 펼치고 새로운 세상으로 날아갈 것 같은 기분이 들었다. 하지만 내가 혼자 막 꿈꾼 것처럼 극적인 변화나 섭외는 없었다.

인터뷰에서 김해인씨는 이런 이야기를 했다.

"성 소수자의 고통과 고충을 이야기하는 영화보다, 그들의 보통 삶을 이야기하며 그들이 다르지 않음을 보여주는 영화를 찍고 싶다."

와. 멋졌다. 이런 생각을 하면서 촬영을 하는 사람을 집에서는 코 골지 말라고, 양말 좀 세탁기에 제대로 넣으라고 잔소리하면서 눈을 흘겼다니, 조금 미안하다는 생각이 들었다. 이 정도의 마음을 가졌으니 나도 앞으로 양말쯤은 눈감아 줘야겠어, 생각했다.

그리고 그 인터뷰 덕분일까. 그 뒤로 일 년 동안 김해인씨는 한국을 넘어서 태국까지 LGBT 영화와 드라마만 찍게 되었다. 나는 그 일 년 동안 김해인씨를 장난스럽게 LGBT의 왕이라고 불렀다.

김해인씨가 만들어가는 영화들은 단순한 장르를 넘어, 누구나 자신의 모습 그대로 살아갈 수 있는 세상을 보여주려 노력하고 있었다. 그리고 그 세상을 비추는 카메라 뒤에 김해인씨가 있다는 사실이 나는 자랑스러웠다.

28화 영월과 라디오스타

김해인씨와 둘이 늦가을 민둥산으로 등산을 다녀오다가 즉흥적으로 영월에서 하룻밤을 자고 온 일이 있었다. 억새가 한참 아름다운 시기는 지나간 후였지만, 덕분에 등산객이 많지 않아 여유 있는 산행을 즐겼다. 게다가 가을이 아름답게 꽉 차올라 내 마음의 쓸데없는 근심, 걱정을 다 밀어내어주는 기분이 들었다. 늘 긴장하며 하루하루를 보낸 탓일까. 산에서 내려와 아이들 없이 자는 잠은 세상 무엇보다 달콤했다. 이튿날 아침 일찍 일어나 숙소 창밖으로 동강을 바라보고 있으니 새삼 여행을 왔구나, 생각이 들었다. 이른 아침, 낯선 방에서 눈을 뜨고 가만가만 숙소 근처를 걷다가 모닝커피 한 잔을 마시는 일. 여행에서 가장 좋아하는 순간이다. 여행을 떠나는 이유이기도 하고 말이다.

영월 하면 역시 영화 라디오 스타를 떠올리지 않을 수 없다. 안성기, 박중훈 그리고 노브레인. 모든 배우가 다 매력적이었지만 영화의 배경인 영월은 배경을 넘어서는 존재감이 있었다. 영화에 등장한 할머니 순댓국집, 오래된 다방, 천문대 등 영월에 가면 꼭 가보고 싶은 곳들이 마구 떠올랐다.

마침, 숙소 가까이 영화에 나온 유명한 다방이 있었다. 심지어 오픈 시간도 이른 아침. 쌀쌀한 아침 공기를 느끼며 동강을 따라 걸었더니 금세 다방에 도착했다.

낯선 도시를 조용하게 걷는 이 느낌, 너무 좋고 행복하다. 다방에 들어가 다방 커피를 시켰다. 다방은 내가 생각한 것보다 훨씬 더 레트로한 느낌이었다. 귀여운 보온병에 가득 채워 나오는 다방 커피는 취향껏 설탕과 프림을 넣어 마실 수 있었는데, 생각보다 더 맛있고 고소해서 웃음이 나왔다. 거의 이십 년 전에 만들어진 라디오 스타의 포스터와 사진, 사인들은 벽면을 빼곡히 채우고 있었다. 우리는 영화 이야기, 그 시절 이야기를 하며 옛 향수에 흠뻑 젖었다. 그건 이야기의 힘이었다. 김해인씨는 다방 커피에 설탕을 넣어 휘휘 저으며 말했다.
"언젠가 제목만 들어도 장소가 떠오르는 그런 영화 한 편을 꼭 찍고 싶어."
영화를 보고 나서 그 장소를 잊지 못해 일부러 영화의 장소들을 찾아오는 그런 영화 말이다. 그리고 지금까지 내가 손꼽는 그러한 한국 영화는 바로 라디오스타이다. 라디오스타 제목만 들어도 영월, 동강, 이스트 리버, 할머니 순댓국집, 청록다방 그리고 오래된 방송국이 저절로 떠오르며 나를 그 시절 그 동네로 데려가는 기분이 들곤 하는 것이다.
이야기는, 그렇게 힘이 세다.

결혼을 비교적 일찍 한 우리는, 결혼 후에도 김해인씨 촬영으로 일 년의 절반 이상은 늘 떨어져서 살았다. 그래서 늘 서로가 애틋하고 그리웠다. 아이를 낳고 오 년이 지나도록 김해인씨가 '집으로 가는 길'이라는 문자만 보내도 가슴이 두근두근 뛰었다. 그런 나에게 어느 날, 결혼하지 않은 대학 친구가 물었다.
"신혼은 언제까지야?"
"음..그건 아마도 첫 아이가 태어나는 순간까지일까?"
이렇게 대답했지만, 오 년이 지나고 육 년이 지나도 우리에겐 신혼을 넘어서는 로맨스가 남아있었다.
하지만 어느 여름날, 신혼의 로맨스는 갑자기 끝이 났다.

한여름에 태어난 김해인씨는 여름에는 특히 촬영으로 바빠서 생일을 제대로 챙겨본 적이 거의 없었다. 아침은 서울에서 먹고 점심은 부산에서 먹고, 저녁은 단양에서 먹는, 전국을 떠도는 삶을 사느라 지금은 어디에 있어? 라는 인사가 당연했다.
 서른세 살의 생일, 영월에서 촬영 중이던 김해인씨는 생일 당일에 갑작스런 휴차가 생겼다는 연락이 왔다. 나는 그 이야기를 듣자마자 아이를 할머니 집에 맡겨두고 일단 영월로 가야겠다는 생각이 들었다.
'당장 주희를 엄마한테 맡기고 동서울 터미널로 뛰어가야지. 그러면 영월로 가면 저녁밥은 같이 먹고 올 수 있겠어.'

머릿속으로 계획을 세우며 가슴이 폭발할 듯 뛰었다. 바로 엄마에게 전화를 걸었다. 하지만 엄마에겐 이미 약속이 있었다. 아이들을 봐줄 곳을 찾다가 떠나기도 전에 지쳐서 못 가겠네, 포기를 하고 나니 갑자기 가슴이 싸늘하게 내려앉는 기분이 들었다.

'김해인씨는 생일 챙길 복은 없나 보네.'

생각하다가 우리도 이제는 신혼의 로맨스는 끝난 부부가 되었구나, 생각이 들었다. 예전 같았으면 밥 먹다가 숟가락 집어 던지고도 뛰어갔을 나였다. 아이를 안고 업고 김해인씨가 있는 곳이라면 못 갈 곳이 없었다.

"오늘은 날도 덥고, 시간도 애매해서 못 갈 것 같아."

김해인씨에게 전화를 걸며 말했다. 그런 내 말에, 한 톨의 아쉬움도 없이 돌아온 말.

"응, 오지 마."

그저 평범한 일상의 대화를 나눈 것 같았지만, 그 대답과 함께 내 마음속 신혼의 로맨스는 조용히 끝이 났다.

29화. 아름다운 나의 이상가족

2023년 여름은 유난히 장마가 요란스럽고 길게 느껴졌다. 기후 위기 때문인지 예측할 수 없는 폭우와 집중호우가 계속되었고 김해인씨는 빗속에서도 촬영을 멈추지 않았다.

우선 상황은 이러했다.

봄이 끝날 무렵 태국 드라마 촬영을 시작했다. 일 년 동안 성소수자와 사회적 소수자의 이야기를 다룬 드라마와 영화를 끊임없이 찍었는데, 태국 드라마 역시 유쾌한 분위기의 LGBT 드라마였다. 태국 드라마 섭외가 들어왔을 때, 김해인씨가 태국에서 땡모반과 팟타이를 먹으며, 방콕의 거리에서 촬영하는 장면을 떠올렸다. 올 여름엔 나도 태국 촬영 현장에 슬쩍 방문해 볼 수 있을까? 내심 기대를 하며 마음은 벌써 비행기를 타고 태국으로 날아가기 시작했다. 그런데 태국 배우들이 한국으로 와서 찍는 드라마라는 것이다. 이유는 태국이 너무 덥고 습해서라는데, 우리나라의 여름 또한 덥고, 습하고, 심지어 장마까지 있어서 난처한 날씨이기는 마찬가지 아닌가?

주연배우들은 태국을 비롯한 동남아에서 무척이나 유명한 배우들이었다. 실제로 김해인씨가 배우들과 찍은 한 장을 SNS에 올리자 다양한 언어의 메세지를 받았다. 특히 일부러 찍은 화보보다, 일상에서 자연스럽게 찍힌 스타의 사진은 훨씬 귀하게 느껴진다. 나도 그런 마음을 알기에, 김해인씨가 현장에서 사진을 많이 찍어 자주 올려주면 좋겠다고 생각을 한다. 하지만 현장에서는 모든 일이 계약으로 얽혀 있기에 때문에 신중하게 행동해야 한다. 배우들은 가벼운 사진 한 장을 찍을 때도 방송 전 의상 유출 금지 조항 등이 있을 수 있다. 그래서 드라마 방영 전에는 함께 찍은 사진은 인스타그램에 올리는 일은 무척 조심스럽다. 김해인씨는 그런 이유로 사진을 거의 찍지 않아서 가끔 내가 섭섭하게 느껴질 때가 있다. 주연배우들과 사진도 많이 찍어두고 사인도 받아두면 아이들도 좋아할 텐데. 그래도 아주 가끔, 사진을 올릴 때면 팬들이 남겨주는 메시지나 인사는 늘 귀엽고 반갑다.

드라마 촬영 중 주연 배우의 해외 활동 스케줄로 이주일의 공백이 생기게 되었다. 짧지만 그 사이 휴가를 떠날까, 생각했으나 또 다른 뜨거운 여름이 김해인씨를 기다리고 있었다.

그 이주일동안 김해인씨는 독립영화 한 편을 찍게 된 것이다. 이주일의 공백 동안 10회 차 독립영화라니. 이게 가능할까? 했는데, 가능했다. 영화는 학교 동기인 소 PD언니의 전화 한 통에서 시작이 되었다.

"독립영화 촬영 감독을 구하는데 예산도 많지 않고 시간도 촉박한데 가능할까?"

통화 후, 시나리오를 받았는데 이번에도 역시 법적으로는 결혼을 할 수 없는 동성 커플이 가족으로 살아가는 이야기였다. 제목이 특히 마음에 들었다. 이상가족.

소PD언니의 제안에 김해인씨는 흔쾌히 승낙했다. 언젠가 학교 동문들과 영화를 꼭 찍고 싶다고 생각했는데 이로써 늘 마음에 품고 있던 촬영 버킷리스트가 하나 또 채워지게 된 것이다. 그리하여 조명 감독도 언젠가 늘 함께 하자, 약속하던 아끼는 후배와 함께 할 수 있었다. 그리고 이번에는 조명 감독님의 쫀쫀한 인맥 덕분에 적은 예산이지만, 좋은 카메라로 촬영하게 되었다. 아, 이렇게 아름다운 인연들이라니! 감탄이 나왔다.

소 PD 언니는 김해인씨에게 넉넉지 못한 예산에 임금을 제대로 못 주는 것을 미안해했지만 이미 돈은 중요한 문제가 아니었다. 정말 중요한 문제는 바로 날씨였다!' 10회 차 촬영이 잡힌 날씨가 장마의 한가운데였다. 시간과 예산 때문에 정해진 날짜에 무조건 촬영이 끝나야 하는데, 그게 정말 가능할까?

비가 쏟아지는 날에도 멈추지 않고 촬영은 계속되었다. 매일 신발과 양말이 다 젖어 발이 퉁퉁 불어 있어도, 기존의 계획대로 진행될 수 없는 상황에도 모두들 힘이 넘치게 촬영을 이어 나갔다. 영화의 현장이란 모든 것이 계획대로 흘러가지 않는다. 직장에 출근하듯, 매일 같은 사무실에서 같은 사람들과 일을 하는 것이 아니라 매일 새로운 장소에서 새로운 사람들 속에서 뜻하지 않은 상황들을 만난다는 뜻이다. 그리고 다행히 김해인씨는 다양한 돌발상황에 대처가 빠른 성격이고 오히려 그런 상황들을 즐기는 편이다. 낯선 장소에 익숙해지려면 많은 시간이 필요한 나는 김해인씨의 그런 성격이 늘 부럽다.

장마가 한창인 날, 나는 처음으로 촬영장에 커피차를 보냈다. 언젠가 꼭 힘내라는 응원의 의미로, 현장으로 커피차나 간식차를 보내고 싶었다. 하지만 무슨 일이든 앞에 나서는 일을 좋아하지 않는 성격이기도 하고, 생각보다 큰돈이 드는 일이기 때문에 아주 적당한 때에 힘을 실어서 하고 싶었다. 그리고 이상가족 현장이 그런 현장이라는 생각이 들었다. 날씨와 시간, 예산, 어느 하나 쉽지 않은 환경에서 일하느라 매일 땀을 흘리며 일하고 있을 김해인씨에게 힘껏 소리 내어 "파이팅!" 외쳐주고 싶었다. 그리고 내가 좋아하는 언니가 PD, 아끼는 후배가 조명감독, 이보다 더 좋은 상황은 앞으로도 만나기 힘들 것 같았다.

가족의 마음을 모아 커피차를 섭외하고, 주희가 현수막과 스티커 그림을 그리고, 그림 위에 주원이는 아빠를 응원하는 글을 썼다. 커피차를 섭외하고 보니 생각보다 돈이 많이 들었다. 고민 끝에 가족들에게 우리 모두 김해인씨를 응원하는 의미로 조금씩 돈을 보태시라, 제안을 해보았다. 의외로 모두 즐거운 이벤트처럼 반겨 주었다. 그렇게 가족들 조금씩, 나는 왕창 돈을 모아 커피차를 섭외했다.

커피차가 가던 날에도 오전부터 비가 많이 내렸다.

'점심식사를 마치고 나왔을 때 현장에 커피차가 짜잔 도착해 있다면 얼마나 즐거울까, 좋아하는 얼굴을 내가 직접 못 봐서 아쉽네.'

혼자 이런저런 상상을 하며 소 PD언니와 함께 적당한 장소와 시간을 정했다. 하지만 감정을 그대로 표현하지 않는 사람이라, 커피 잘 마셨다는 인사를 김해인씨보다 조명 감독님에게 먼저 들었다. 김해인씨의 성격을 잘 알고 있지만 나는 잔뜩 서운한 마음이 들었다. 나로서는 아이들과 열심히 준비한 이벤트인데 묘하게 마음이 상하고 서운해서 한동안 김해인씨와는 말도 하기 싫어졌다. 그런 내 마음을 아는지 모르는지, 잘 마셨다는 인사 말고는 특별한 언급도 없이 이벤트는 끝이 났다. 인스타그램에도 한 줄 남겨주지도 않는다니, 커피차가 아니라 카카오톡으로 커피 쿠폰을 보낸 것 같은 기분이 들었다. 그리고 나는 삼개월 동안 커피차 할부를 나눠 냈다. 할부금이 나갈 때마다 또 마음이 끓었다. 그리고 그 할부가 끝나갈 즈음, 갑자기 김해인씨가 인스타그램에 내가 보낸 커피차 자랑을 했다. 삼개월 동안 내 마음이 상할 대로 상해서인지, 그다지 기분이 좋아지지는 않았다.

열흘 중 아홉 날 비가 내렸지만, 신기하게 열흘 만에 촬영이 끝났다. 좋지 않은 상황에 무사히 촬영을 마친 촬영팀이 마치 영화 속 어벤져스처럼 든든하게 멋져 보였다. 그리고 감독님이 커피차를 보낸 나를 크레딧에 이름을 올려 주셨다.

크레딧의 이름 한 줄로 축축한 여름 내내 마음 졸였던 시간들도, 할부금이 나갈 때마다 떠오르던 서운함도 모두 다 날아가는 기분이었다. 역시 사람은, 누군가의 기억 속에 이름 한 줄을 남기는 것에 이렇게 큰 의미를 가지는 것이구나, 저절로 고개가 끄덕여졌다.

영화는 올해 열리는 영화제 출품을 목표로 막바지 작업에 힘을 쏟고 있다. 영화제에서 이상가족을 만나게 될 날이 기다려진다.

30화. 방구석 오락 왕

김해인씨는 촬영을 시작하면 일주일, 한 달, 길게는 석 달씩 집을 비우곤 한다. 그리고 촬영이 끝나면 언제 다시 시작될지 모르는 촬영을 기다리며, 기약 없는 백수 생활을 시작한다. 슬기로운 백수 생활이면 좋으련만, 대부분의 공백기는 정말이지 할 일 없는 동네 백수 아저씨가 따로 없다.

늦게까지 자고 일어나서 모두 바쁘게 움직이는 아침 시간에 주방 한자리를 차지하는 김해인씨. 커다란 덩치에 유난히 작은 주방이 꽉 찬다.

커피를 갈아 드리퍼에 필터를 깔고, 주둥이가 긴 예쁜 주전자로 한 방울씩 또르르 커피를 내린다. 그리고 소파의 가장 편안한 구석 자리에 딱 자리를 잡고 앉아서 한 모금 한 모금 음미하며 커피를 마신다.

고등학생 첫째와 초등학생 둘째를 차례로 등교를 시키고, 우다다다 뛰어다니는 나의 세상과는 마치 다른 차원에 사는 사람처럼 김해인씨의 아침은 나무늘보처럼 느리고 또 느리다.

'바쁜데 주방에서 좀 나와줄래?'

이런 마음으로는 소리를 열 번은 지르고 싶어질 때도 있다. 하지만 난 김해인씨에게만큼은 한없이 마음이 넓은 사람이기 때문에 부글거리는 마음은 슬며시 밀어두고 부탁한다.

"커피 내 것도 연하게 한 잔만"

느리게 커피를 음미하며 아이패드로 온 세상의 뉴스를 모두 다 보며 아침을 보내는 김해인씨는, 오전이 다 지나갈 즈음에야 소파에서 겨우 엉덩이를 떼고 일어나 씻는다. 매일 아침마다 때라도 미는지 화장실에 들어가면 50분! 정말 느긋한 그만의 리듬에 맞춰 하루를 시작한다.

특별한 직업은 없지만, 마치 문어발처럼 이것저것 하는 일이 많은 나의 오전은 바쁘다. 아이들을 등교시키고 우다다다 집을 뛰어나가면 대부분 아이들이 하교하는 시간까지는 집에 오지 않는다. 하지만 김해인씨가 백수로 지내는 기간에는 꼭 일주일에 두 번은 함께 점심을 먹으려고 노력한다.

나무늘보처럼 느리게 씻고 나오는 김해인씨와 함께 먹을 점심을 일주일에 두 번쯤 특별하게 준비한다. 그리고 아이들 없는 동그란 식탁에 느긋하게 앉아 쓸데없는 대화를 주고받으며 밥을 먹는다.

밥을 다 먹은 김해인씨는 저녁밥을 먹을 때까지 소파의 가장 편한 구석 자리를 차지하고 앉아 그때부터는 핸드폰 오락을 한다. 띠링띠링~ 소리를 울리는 단순한 게임. 그 소리가 지긋지긋하게 느껴지다가도 웃음이 푹 나오곤 한다.

밖에서는 감독님 감독님, 소리를 들으면서 어깨에 힘주고 돌아다니는 사람이지만 집안에서 열을 올리며 하는 일이 내 눈치를 살살 보면서 핸드폰 오락이라니! 어쩐지 미워할 수가 없네, 생각이 드는 걸 보면 여전히 김해인씨를 사랑하는 것 같다.

촬영 현장이란 매번 새로운 장소로 출근하고, 다음을 예측할 수 없는 일이 반복된다. 말 그대로 불확실함이 일상인 세계다. 그래서일까. 쉴 때만큼은 세상에서 가장 단순하고 느린 리듬으로 생활하고 싶어 하는 것 같다. 그래서 오락도 단순한 것만 하고 싶겠구나, 나는 그런 김해인씨를 이해하기로 했다.

결혼 초, 이른바 느긋한 로맨스가 살아있던 신혼에는 김해인씨의 휴식기가 마냥 반가웠다. 얼굴만 바라보아도 좋던 때라, 하루 종일 딱 붙어 있어도 지겹지 않았다. 하지만 앞서 말했듯, 신혼은 어느 날 딱! 끝이 났다. 말하자면, 얼굴만 봐도 즐거울 때가 지나갔다는 뜻이다

그 시절에는 열두 시가 되어서야 일어나, 잠옷 차림으로 머리에 까치집 짓고 돌아다니는 모습도 마냥 귀엽고 사랑스러웠다. 일할 때 늘 긴장 속에 지내는 것을 알기에, 피곤할 텐데 싶은 마음에 자는 모습만 봐도 측은해져서 얼굴을 쓰다듬어 주고 싶었다. 하지만 어느 순간부터는, 그 모습을 보고 마음의 평화를 찾으려면 나름의 노력이 필요해졌다.

결혼 생활을 평화롭게 유지하는 일이란, 이렇듯 늘 상대에 대한 애정과 측은함을 바탕에 둔 노력이 필요한 일이다.

내일도, 모레도 김해인씨에게 새로운 촬영이 없는 날에는 여전히 똑같은 하루하루가 반복될 것이다. 그리고 내일 아침에도 내 모닝커피는 김해인씨가 내려주겠지. 세상에서 가장 느릿한 몸짓으로.

.

31화. 그럼에도 불구하고
나의 길을 가겠습니다.

우리는 모두, 그 어느 때보다 힘든 시간을 지나고 있다

박근혜 정권의 블랙리스트 시절에도, 코로나 팬데믹 때에도 주변에 이렇게 많은 영화인이 아무런 작품 없이 시간을 흘려보내는 일은 없었다.

코로나로 닫혔던 극장이 다시 열리고, 상영되지 못하고 창고에 쌓아 두었던 영화들이 순차적으로 개봉을 하기 시작하면 영화들이 활발하게 제작될 것이라는 기대를 했다. 하지만 기대를 저버리고 정권의 칼바람과 경제 불황 속에 투자는 끊겼고, 현장은 고요해졌다.

대학을 졸업하자마자 결혼을 했던 나와 김해인씨, 우리에게도 철없이 어리고 세상 물정을 모르고 동화 같은 꿈을 좇던 시절이 있었다. 그 시절 우리는 김해인씨가 촬영감독으로 입봉하면 첫 영화 계약금으로, 남미로 여행을 떠나자고 약속했었다. 중고 지프를 구입해서 안데스 산맥에 올라가고, 우유니 사막에도 가자고 했다. 그렇게 멋진 로드 무비 한 편을 만드는 일은 영화를 찍는 사람이라면 꿈이 아니겠냐고 이야기하며, 먼지 풀풀 날리는 길을 마음껏 달리자는 약속을 하던 때에는 세상이 꽃밭이었다. 우리만의 낙원에서, 동화 같은 꿈을 꾸며 미래를 쫓던 그 시절로부터 우리는 얼마나 멀리 왔을까. 돌아보면 아득하게 먼 길을 온 것 같기도 하고, 그날이 바로 어제처럼 선명하게 떠오르기

도 한다.

결혼할 때는 늘 산책하는 마음으로 가볍게 걷듯 살아갈 수 있다고 믿었다. 하지만 어떤 날은 바람이 불었고 어떤 날은 전력 질주를 해야 했으며, 때로는 폭풍 속에서 우산 없이 서 있는 날도 있었다. 그 모든 순간, 그럼에도 불구하고 그 비를 혼자가 아닌 둘이 맞아 다행이라 생각했다.

살다 보니 우리는 약속한 남미도 가지 못했고, 얼마 전에 지나간 결혼 20주년 기념일에는 하와이는커녕 간단한 외식도 못했지만, 전혀 아쉽다는 생각이 들지 않았다. 더 이상 세상은 꽃밭이 아니었지만 살다 보니 내 마음에 꽃이 피어 있었다. 열심히 살아온 나의 삶이 준 선물이라는 생각이 들었다. 각자의 삶을 살아가던 두 사람이 서로를 알아보았을 때, 그 찬란하게 빛나는 순간을 가슴에 꼭 품었다. 어려운 순간을 만나거나 포기하고 싶은 순간이 찾아오면, 서로에게 힘이 되어주며 밀어주고 끌어가며 오늘까지 왔다. 물론 늘 그 과정이 쉽지는 않았다.

지금 우리는 살아온 그 어느 시간보다 어려운 시간을 통과하고 있다. 과연 이 터널은 끝이 있기는 한 걸까, 가만가만 걷다가도 문득 두려움이 엄습한다.

우리는 수 많은 위기를 지나왔지만, 묵묵하게 내 자리를 지키며 걷다 보면 모든 것이 제자리로 돌아오리라는 믿음 같은 것이 있었다. 하지만 이번에는 다르다. 자신의 일에 자부심을 느끼며 일을 하던 수많은 영화인이 자신의 직업을 내려놓고 할 수 있는 일들을 찾아 떠나고 있다. 촬영장에 있던 많은 동료들이, 결국에는 쿠팡으로 내몰렸다. 누군가는 대리 기사를 시작하였고, 또 누군가는 음식점에서 일을 하고 있다. 대부분의 영화인은 언젠가 다시 촬영장으로 돌아갈 수 있을 것이라는 기대를 품고, 할 수 있는 일들을 해내며 지금을 보내고 있다. 하지만 이 시간이 길어질수록 어쩐지 기대도 희미해지는 기분이 든다. 그 어떤 시절에도 이렇게 많은 영화인이 한꺼번에 촬영을 손에서 놓은 적은 없었기에 우리는 모두 다 같이 당황스럽고 겁이 난다.

어느 날, 김해인씨의 카톡을 슬며시 열어보았다.

사실 서로의 전화기를 보는 일은 살면서 전혀 하지 않던 일인데, 그날 밤은 어쩐지 그러고 싶었다. 늘 바쁘게 울리던 김해인씨의 카톡은 너무 오랫동안 일에 대한 연락이 없어서, 가슴이 너무 아파서 침대에 누워 혼자 몰래 울었다.

이 시간을 견뎌내야 하는 저 마음은 얼마나 불안할까, 얼마나 촬영이 하고 싶을까.

김해인씨가 언젠가 메모해 둔 문장이 떠올랐다.

"꿈을 꾸고 말하는 것이 두렵다."

그 두려움이 나에게도 전해졌다. 하지만 다행히 우리에게는 모

순간을 함께 겪어온 서로가 곁에 있었고, 그 마음만으로도 바닥 어딘가에서, 희미하지만 분명한 빛이 느껴졌다. 지금은 깊은 어둠의 길을 걷고 있지만, 여전히 우리는 "함께" 걸어간다.

생존이 목표면 표류이고 보물섬을 찾아 떠나면 모험이라고 한다. 우리의 삶의 모든 걸음걸음이 부디 모험이기를. 분명 어둠은 언젠가 끝이 나고 빛을 만나겠지만 부디 우리 이 어둠을 다 지나기 전에 지쳐서 넘어지지 않기를. 오늘도 기도하는 마음으로 우리는 같이 밥을 먹고, 시시한 농담을 주고받는다.

오늘도 우리는, 우리답게

epilogue

언젠가 김해인씨의 촬영 25년을 기록하는 글을 쓰고 싶었습니다. 그렇게 시작된 글이었지만, 결국 김해인씨의 25년의 시간을 함께 걸어온 저의 이야기로 마무리되었습니다.

촬영장에서는 어쩐지 멋지지만, 일상에서는 저의 잔소리를 들으며 핸드폰 오락에 열중하는 프리랜서 촬영인 김해인씨. 30만 원 열정페이를 당연히 견디던 시절을 지나, 촬영 감독으로 이름이 올리는 지금까지. 직업은 있지만 직장이 없는 김해인씨가 마주했을 막막함을 생각해 봅니다.

그 옆에서 저는 김해인의 아내로 살며, 가끔은 땅 아래로 꺼질 것 같은 김해인씨의 무기력과 우울을 온몸으로 느끼기도 했고, 때로는 꿈을 이룬 사람의 당당함을 가장 가까이에서 확인하기도 했습니다. 그 긴 시간 동안, 제가 옆에서 간직한 마음은 단 하나였습니다.

<나는 김해인씨의 첫 번째 팬이라는 것>

김해인씨는 꿈보다는 생계를 위해 카메라를 잡은 날이 더 많았

습니다. 하지만 잘 살펴보면 그 안에는 빛나는 순간이 넘쳐났고 전 그 모든 시간이 참 사랑스러웠어요. 김해인씨가 자신의 모든 순간들을 마구마구 자랑스럽게 여겨주길 바라며 조근조근 글을 써 모았습니다.

하지만 글을 쓰는 과정은 생각보다 조심스러웠고, 가끔은 용기도 필요했습니다. 누구에게도 상처를 주지 않는 글을 쓰고 싶지만, 혹시라도 김해인씨가 나의 언어에 상처를 받으면 어쩌지, 그런 마음이 드는 날은 마음이 흔들렸습니다. 물론 그런 날은 글쓰기를 멈추고 오래도록 김해인씨와 이야기를 나누고, 예전 영화들을 찾아보았어요. 그래서 예상보다 이 글을 마치기까지 긴 시간이 필요했습니다.

저는 좋은 순간들을 커다랗게 기억하는, 대책 없는 낙천주의자입니다. 힘들었던 일은 빨리 잊어버리고, 행복한 순간들은 커다랗게 오래 기억하는 편이거든요. 그래서 김해인씨와 경험과 나의 기억이 다르면 어쩌지, 걱정하고 멈추고 주저하는 순간들이 늘어갔습니다. 그럼에도, 이 글을 통해 우리가 함께 걸어온 시간을 천천히 돌아볼 수 있어서 행복했습니다. 지나고 나면, 힘들었던 순간마저 결국에는 좋은 기억으로 남는다는 것을 알고 있으니까요.

이 글이 김해인씨에 대한 기억을 넘어서, 우리가 함께 쌓아온 시간에 대한 소중한 추억이자 조용한 인사가 되기를 바랍니다. 그리고 이 글을 읽는 분에게도, 내 옆에 있는 사람들과 소중한 시간을 떠올리게 하는 따뜻한 시작이 되기를 바랍니다.

"화이팅!"

글 김은혜

펴낸이 김은혜
편집   김은혜
표지   임가령 @logo_gamgak
그림   김주희
홍보   김주원

발행처 은혜

출판 등록 2025년 9월 19일
        (제 2025-000093호)

전자우편 pulppo80@naver.com
인스타그램 @pulppo80

초판 1쇄 발행 2025년 6월 27일
ISBN   979-11-993377-0-1 (93810)
가격 16,000원

 이 책은 저자의 표현을 위해
맞춤법 표기에 예외를 둔 부분이 있습니다

정해진 출근도, 퇴근도 없는 프리랜서의 세계.
카메라를 들고 자유와 불안 사이를 걸어온 25년 차
프리랜서 촬영인 김해인 씨.
그 곁에서 하루하루를 다정하게 바라보며 써 내려간
본격 프리랜서 남편 관찰기.

<직업은 있지만 직장은 없습니다>

하루 종일, 일년 내내 즐겁지는 않지만
하루에 한가지 씩 즐거운 일은 있으니까요
작은 행복 하나하나 모으는게 취미입니다
내 안의 행복을 꺼내어 글을 씁니다